錯視は何故起こるのか？

下田 敏泰

東京図書出版

まえがき

1．常識をひっくり返す新説

「錯視は何故起こるのか？」を解説することが本書の主題です。最初に述べることは、本書の錯視理論は既存の錯視理論とは基本が異なることです。本書では錯視現象をできるだけ科学的に考えることにしました。

地動説は単なる惑星の軌道計算上の問題のみならず、当時の哲学者、科学者らに多大な影響を与えました。地動説の生まれた時代は「科学革命」の時代とも言われています。地動説が科学全体に与えた影響は大きく、さらに科学が人間の生活に影響を与え始めた時代です。

証明されていると思われている常識に対してその「常識をひっくり返す新説」を「コペルニクス的転回」などと呼ぶのはその名残です。革命という言葉ももとはこの科学革命を指す言葉でしたが、のちに政治用語にも転用されたものだと言われています。

本書は「常識をひっくり返す新説」です。常識をひっくり返す新説は、科学的に考えることから生じています。

2．既存の理論

既存の錯視理論の基本は、脳が騙されるという理論です。脳が「どのように騙されているのか？」というその騙され方が錯視を説明する理論の基本です。騙され方は千差万別で、その理由はいくらでも作れますが、それらには整合性がありません。一方的なその場しのぎの理論です。一方的であるため、一つの錯視図の一つの見え方については説明が可能になりますが、そこに生じている別の現象の説明ができない理論が多々見られます。錯視図形において、縦で見ている図形を横にするだけで成り立たない理論が数多く存在します。

脳が騙されるとは人工頭脳（AI）に例えれば、基本となる計算機能（CPU = Central Processing Unit）が騙されるということに該当します。CPU が壊れた AI はまったく使い物になりません。人間で言えば、正常な判断がまったくできない状態です。普通の人間ではなく脳が狂った人

ということになります。錯視は誰にでも生じる現象であることは、既に周知のことですが、誰もが狂人というわけではありません。

　脳が騙されるという理論は、基本が間違った理論と言えます。

３．基本論旨

　錯視に関する「常識をひっくり返す新説」は、既存論で述べる「脳の間違い」を180度転換して、「脳が正常に働く時」に生じる現象としたことです。

　脳が正常に働くことを AI に例えれば CPU は正常に働いているということです。

　脳が正常に働いている時に、物理科学的な形態などの性状が同じでも、人間が知覚する現象が異なっているように見える現象が錯視と言えます。対象となる図形は、距離、角度、照明の色彩などが決まれば物理的形状などは一つに定まりますが、私達人間は、対象となる図形の背景が違えば物理的形状が同じであっても、特殊な背景の時に異なった形状などに見えます。物理的形状などが同じでも、背景が異なれば実際に見える形状などが異なって見えるのです。物理的（科学的）に同じでも、人間の意識が関わることで異なって見える現象が錯視です。

　本書の目的は、物理的には同じ現象が、私達が見ると実際に異なって見える現象について、何故そうなるのかを具体的に説明することです。異なる理由はたった一つで、背景（周辺の諸条件）が異なるからです。

４．反逆の書

　本書は既存の理論の根底を否定する理論であるため、既存の理論の枠内には収まりません。既存理論と本書の理論において、共通事項は共通の考え方として取り入れていますが、既存理論は根本が間違っているため、反面教師としての参考事項が多くなります。

　既存理論では、錯視に関する統一理論はできません。基本が間違っているための当たり前の帰結です。本来なら、理論が展開できない場合、大本に立ち戻って検討すべきですが、その努力が行われていません。

　本書は「常識をひっくり返す新説」です。何かが異なって見えること

を「脳の間違い」と考えて理論を構成している人々からすると、まさに「反逆の書」です。

5．情報の重要性

　錯視を考察する時に行きつく先は、情報の重要性です。情報は「はっきり」させることが重要です。目で見る情報を「はっきり」させることが、人間の進化の歴史です。

　人間の進化の歴史は、対象を見る時の目や脳の機能の発達の歴史であり、そこで取得した情報を処理できるようにする身体機能の歴史です。目や脳の機能の発達の歴史は、ハード機能としての目や脳の働きと、そこで取得した情報を理解するための脳のソフトとしての機能の発達の歴史です。

　ホモサピエンスが誕生したことで、人類は詳細を理解できる脳の働きが備わったと考えられます。十数万年の熟成期間を経過して、1万年ほど前から農耕や牧畜が始まり、さらなる知識の蓄積によって今日の文明社会が築かれました。

　情報を「はっきり」させることが如何に重要であるかが判ります。情報を「はっきり」させるためには、小さな違いまでも「はっきり」させる必要があります。小さな違いまで「はっきり」させるために生じたのが錯視であるとの考え方が本書の基本です。

　人類の進化は、情報を「はっきり」させるためのハードとしての目や脳の機能と、その情報を適切に理解できるソフトとしての目や脳の機能のそれぞれの進化です。

　情報を「はっきり」させるための具体的方法は、違いを強調することです。違いを強調することが「はっきり」させるための手段と言えるでしょう。

6．科学的検討

「常識をひっくり返す」新説は科学的な検討によって実証される必要があります。本書においても可能な限り科学的な検証を心掛けました。しかし、可能な限り科学的であろうとする時に、二つの課題がありまし

た。
　その一つは、対象となる錯視現象を物理的な法則だけで証明しようとすることが困難なことです。例えば平面上に表された同じ大きさなどの二つの対象を比較しながら見た時に、通常は対象までの距離、対象を見る時の角度、対象を照らす照明の３条件が決まれば、物理的な見え方である大きさ、形状、色彩が決まります。錯視は同じ形状などの対象が、物理的条件が同じ時に、背景の違いによって生じる現象です。
　最初に物理的な条件の同じ二つの対象を比較し、背景の違いだけで、大きさなどが異なることの実証が必要です。これについては、典型的な錯視現象を取り上げ実証します。この時の課題は物理的には同じ対象なので、物理法則では説明できないことです。私達の目や脳の知覚が関わる現象であると考え、どのような働きで錯視現象が生じるかを説明します。目や脳の働きに直結した働きが重要です。物理法則で説明できないということは、直接数値として表現することが困難なことを示しています。そのため、数値化は統計的手法など間接的な表現にならざるを得ません。
　二つ目は生じている錯視現象が、具体的に目や脳のどのような機能と結びついて生じているかを検討することです。目や脳の機能と直結するハード面の機能とソフト面の機能の両面からのアプローチが必要と考えられます。
　錯視は科学的な現象ではなく、知覚としての現象であるため、直接の数値化が困難になり、目や脳の機能を働かせる「意識」の力が重要になります。
　本書では「意識」を重要な変数として捉え、錯視現象の要因を説明します。
「意識」の働きを錯視現象の主要要因とする考え方が、ここでの理論の特徴です。

7．大きさの錯視から
　錯視現象が歴史的に最も早い時期から見られたのは、月の錯視などの大きさの錯視と考え、本書でも大きさの錯視の代表例であるエビングハ

ウス錯視を最初に説明します。ここでの説明が、錯視の要因の基本原理を表すことになります。

　大きさの錯視を説明できる理論が、全ての錯視を説明する基本理論であり、その理論からの展開で全ての錯視現象が説明可能になると考えました。逆に言えば、非常に単純な大きさの錯視も説明できない理論は、科学的理論とは言えません。

　大きさの錯視は、平面上に描かれた物理科学的には同じ大きさの二つの円の大きさが、背景の違いによって実際に異なった大きさに見える現象です。

　背景だけの違いで、大きさが異なって見えることの実証が最初の実験となります。錯視現象そのものは、実験における観察結果です。観察結果を理論的に説明することが、科学的手法です。

8．錯視の定義
　私達が見ている対象は物理的条件である距離、角度、照明が同じであれば同じ状態に見えます。しかし、実際には距離、角度、照明が同じであっても、対象の周辺条件などが異なれば、実質的な異なり方は小さいのですが対象そのものが異なって見えます。

　距離、角度、照明が同じ時に、見ている対象の周辺状況（背景）が異なることで、形状や色彩、動きなどが異なって見える現象が錯視です。錯視は対象そのものの物理的条件が同じ時に、対象を見る時の背景が異なれば人間の目の機能や脳の機能、意識が関与して実際に形状や色彩、動きが異なって見える現象です。人間の意識が対象を「はっきり」させるか否かが、無意識のうちに判断されることで生じる現象とも言えます。主に背景の境界部で生じた現象が比較的「はっきり」と判るようになります。

　錯視は対象を「はっきり」させるために、対象の物理的条件である距離、角度、照明が同じ時に、背景などの周辺状況の違いによって何かが異なって見える現象です。

目　次

②揺れ動く幽霊

③トンネルの幽霊

第1章　基本的考え方　科学的に考える

　本書の目的は錯視を科学的に考えることです。科学的考え方が最初に適用されたのが「地動説」であると考え、ここでは「地動説」と「錯視」を比較しながら、科学的に考える場合について記載します。

1．地動説と錯視

(1) プロローグ

　地動説は近代科学の幕開けになりました。地動説の展開において、それまでの考え方といくつかの異なる点が指摘されています。それらを錯視の場合と照らし合わせながら、記載します。

(2) 基本的考え方の変更

①地上の法則と天空の法則（地動説）

　地動説以前の考え方では、地上の法則と天空の法則は異なるのではないかと考えられていました。天空は神の領域であり、人間界の地上の法則がそのまま天空の規則に当てはまるとは考えなかったのです。そのため、天空で起こることは、天空の規則に当てはまれば良いのです。人間界の規則が当てはまらないのであれば、どのようなことが起こっていても説明が可能になり、理論的展開はできなくなります。

　地動説が検証できたのは、天空と地上では同じ法則が適用されると考えたからです。

　宇宙における森羅万象には、すべて同じ物理科学的法則が当てはまると考えたことです。

　この考え方が今日の科学の考え方の基本です。

②脳は正常に働く（錯視）

　錯視を考える場合の最初の考え方が、脳は正常に働くということです。仮に脳が間違えると考えれば、何かが異なって見えるなど知覚の全

ての現象は、単なる脳の間違いで説明が可能になってしまいます。地上の法則と天空の法則が異なる場合のように、何かが異なっていても、その異なっている理由が基本的な法則の違いということであれば全ての現象が、基本的法則が異なることで説明ができてしまいます。

　錯視を科学的に考えるのであれば、脳の働きが正常な場合に、どのような働きによって錯視が生じているかを説明することです。錯視における全ての現象は、脳が正常に働いている時に生じていると考えることが基本です。

⑶　基本的観測結果
　地動説も錯視も、何かが異なっていることを説明する理論です。観測結果が何故成立するかを説明する理論です。

①惑星の逆行現象と背景（地動説）
　地動説を説明する根拠となった観測結果は、火星や木星など地球よりも遠くを回転する惑星が、一定周期ごとに一方向ではなく逆の方向に動いているように見える現象である惑星の逆行運動です。

　惑星の逆行運動が何故観測できたかと言うと、天体観測という測定可能な現象の中で、背景となる恒星の動きが実質的に不動であることです。背景である恒星の動きが不動であるため、火星や木星を観測した時に移動することが判ります。背景が不動であるという現象が存在して初めて、その中での惑星の相対的な動きが判ります。

②大きさが異なる現象と背景（錯視）
　大きさの錯視の代表例としてエビングハウス錯視を取り上げます。比較対象となる同じ大きさの二つの小さな円の周りを、一方は大きな円で取り囲み。他方は小さな円で囲んだ場合、大きさが異なって見える錯視です。

　エビングハウス錯視の比較対象の同じ大きさの小円が何故異なった大きさに見えるかと言うと、平面上に描かれた背景の図形である円の大きさが異なっているからです。

　背景が異なることで、比較対象の同じ大きさの小円が異なって見えるのです。背景の図形が異なるという現象が存在して初めて比較対象の小円の大きさが異なるという現象が発生します。背景の存在によって初めてその中の小円の相対的な大きさの違いが判ります。

⑷　現象の発生理由の説明理論
①惑星の逆行を説明する理論と説明を可能にした物理法則
　惑星の逆行を理論的に説明する物理法則は、ケプラーの楕円軌道の理論とニュートンの万有引力の発見です。科学の発端ともいうべきこの物理法則によって、惑星の逆行運動が証明され、併せて地動説が証明されたのです。
　これらの理論は実際にそこに生じていることを詳細に観測し、普遍的な原理原則を発見することで成し遂げられたと考えられます。

②エビングハウス錯視で大きさが異なることの説明
　エビングハウス錯視では、比較対象の二つの小円は同一平面上にあります。目からの距離は等距離にあり、見る時の角度が同じであり、照明も同じです。このような場合、物理的な見え方はまったく同じになります。異なるのは背景だけです。比較される対象の小円の大きさは、背景である円の大きさが異なるために、異なった大きさに見えるということが観測結果です。比較対象の小円については観測結果が異なっても物理的な大きさが同じため、見た時の大きさが異なっても、実際に計測すると同じ大きさになります。
　物理的大きさが同じでも、その二つの対象を見た時に背景の違いによって大きさが異なって見えるのが錯視です。そのため、大きさが異なって見える理由を見るという行為である見る時の意識に結び付けて考えることが、基本的考え方になります。
　エビングハウス錯視の要因は、第2章で他の大きさに関する錯視の要因とセットで説明します。

⑸ 地動説と錯視の理論展開
①地動説
　地動説の基本は、天空も地上も同じ原理原則が働いていると考えたことです。そして科学的な検証可能な理論によって、惑星の逆行運動という観測結果を説明できるようにしたことです。この時に展開された理論が、ケプラーの楕円軌道の理論とニュートンの発見した万有引力の法則です。

　これらの自然法則を適用することで地動説が立証できました。

②錯視と意識
　錯視の基本は、自然の法則の下では同じに見える二つの対象が、背景の違いによって異なって見えることです。物理的法則のもとでは同じはずの対象が、私達の見るという行動によって異なって見える現象であるため、自然の法則が関わらないのは明らかです。自然の法則が関係しないのであれば、人間の知覚に作用する「意識」が関わっているのではないかと考えられます。そのため「意識」がどのように関わって錯視が生じているかを検証することが必要になります。

　この場合の「意識」とは、対象を見る時に「はっきり」見ようとして「意識」を集中して見るか、意識の集中には関係なく「ぼんやり」と見ているかという「意識の集中」という言葉に置き換えられます。本書では、意識を集中して見ることを、集中を省略して意識して見ると表現している場合が多々あります。

　意識の集中の度合いを科学的に表現することが確立されていないため、本書ではこの集中の度合いを大雑把に概念的に分類して考えました。集中の度合いが少ない方から順に「ぼんやり」、「普通」、「集中」、「極度に集中」の４段階です。通常私達が見ている状態が「普通」の状態です。錯視の多くは私達が意識を「集中」した状態で生じています。「ぼんやり」、「極度に集中」した場合にも錯視は生じています。

　錯視は一般的に背景の違いによって「意識を集中」させられる状態が発生し、その結果として何らかの見え方の違いが生じている現象と言えます。

⑥ 背景が異なる時の意識

　私達が対象を見る時は、漠然と見るか詳細に見るか、あるいはその中間などが基本的見方のパターンです。対象の見方は、対象を見る時の意識によって左右されます。全体を漠然と見るか、細部を詳細に見るかの二つに分けられます。その中間もあるでしょう。これらは意識的に行われる場合もあれば、無意識と言われる短時間に行われることもあります。

①意識の集中と見え方

「意識」的に見る時には、意識を集中して「はっきり」させようとして見ます。無意識と言われる瞬時でも意識を集中して「はっきり」させて見ようとする場合もあります。意識を集中して見るか否かは、脳が正常に働いている場合の選択です。

　意識を集中して見るということは、対象を「はっきり」させて見ることです。「はっきり」させることは意識を集中して見ているとの考え方です。「はっきり」させるとは、小さな違いを「はっきり」させ、違っていると「意識」することです。意識を集中して見ることは、小さな違いまで「はっきり」させて見ることを意味しています。

　この理論が全ての錯視現象を説明可能にする基本理論です。意識を集中して観測対象を見ると小さな違いまで「はっきり」見えることは、スポーツを始めあらゆる分野で実証されている現象です。「意識」を集中すると「はっきり」見えることは幾何学的錯視図を始め現実の多くの事例で既に実証された現象です。

「意識」を集中して見ることで、小さな違いまで「はっきり」判るようになることが、全ての錯視現象の基本要因です。逆に意識を集中しないことで、小さな違いが判らなくなることで生じる現象もあり、この場合も錯視現象が生じます。

②何故意識を集中するのか？

　意識を集中するのは小さな違いまで「はっきり」させようとする時です。大きさなどの形状の場合、小さな違いまで「はっきり」させるに

は、その部分を拡大することで「はっきり」します。この結果、小さな違いを「はっきり」させるためには、その部分を拡大することで「はっきり」見えるようになります。

2. 情報を「はっきり」させる

⑴ 情報とは何か？

　最初に情報とは何かという疑問があります。ここでは生命体が受け取る情報を念頭に置いて記載しています。その概要は以下の通りです。

　情報とは何か？　簡単に言えば伝えられる内容のことです。主に伝達という行為によってやりとりされます。事実、知識、データ、合図等、あるいはその事実を伝達するという行為そのものや知らせです。情報は、ある環境下に生息する動物に対して提供される価値や意味のことで、ある物事の内容や事情についての知らせのことです。生命体に限定すれば、生体が働くための生命や有機的システムへの入力や感覚器への入力を意味しています。本書では、情報を生体が働くための生命や有機システムへの入力や感覚器への入力という意味で使用しています。このように考えると、見るということは、対象からの情報が、視覚システムに入力されることとなります。

⑵ 情報の重要性

　私達人類は、情報を入手し、その情報に従って関連する器官を働かせて、命を繋いできました。情報を間違えれば、私達は判断を誤り、そのまま死に直結します。私達が生きていくうえで最も重要なことは「はっきり」した情報を得ることです。そのため、私達人間の基本活動の一つは情報を「はっきり」させることになります。「はっきり」しない情報で行動すれば、その行動は常に死の危険を伴います。情報は「はっきり」させることが何よりも重要です。私達人類の進化の歴史は、情報を「はっきり」させるための機能と、その機能を有効に働かせるための身体各部の器官などの発達の歴史であることが立証されています。

⑶ 情報を「はっきり」させるために

　背景が異なる時、情報を「はっきり」させるために必然的に生じたのが錯視現象です。情報を「はっきり」させるために、目や脳がどのように働いているかは、錯視の要因を調べることで判ります。基本的要因は視覚に関する「進化の過程で取得した能力」です。進化の過程で取得した能力には二つの種類があります。その一つは、ハードとしての器官がもつ能力で、見ることに関する目や脳の機能そのものです。二つ目は、器官の能力を働かせるプログラムとしてのソフト面での働きです。ソフト面での働きも、科学的証明可能な現象や、はっきりさせて見ることの具体的行動として心理的な要素が深く関わる現象があります。

　一般的と思われていない科学的な現象や、「はっきり」させて見るという心理的要素が働いて、何かが異なっているように見える現象が生じた時、この時の見え方が錯視という現象です。これらが「はっきり」した形で生じるのは主に時間的空間的な境界部分です。錯視は全て視覚情報を「はっきり」させるために生じている現象と言えます。

　錯視は視覚情報を「はっきり」させるために生じる現象です。錯視の要因を知ることは、私達が対象を「はっきり」させて見る時に、どのような現象を生じさせているかを知ることです。結論から先に説明しましょう。私達の近代以降の文明の発達の歴史の一つは、情報を「はっきり」させるための手段の開発の歴史です。

「はっきり」させるための具体的方策は、小さな違いを「強調」して、違いを大きくすることです。多くの錯視が小さな違いを「強調」することで生じています。違いの「強調」が錯視を説明する時のキーワードの一つでしょう。小さな違いを「強調」することで、違いを「はっきり」させることは、科学も含めて現代社会の最も基本的な考え方です。

3．科学的な考え方

「錯視は何故起こるか？」その理由を科学的に考え、立証することを目的に本書は記載されています。本書で採用している科学的な考え方には次の考え方が反映されます。

現在「錯視は何故起こるのか？」という問いに総合的に答える理論はありません。本書は、この課題に答える理論です。ここでは基本的錯視現象として大きさが異なって見える錯視を念頭に記載します。錯視における科学的考え方を以下に記載します。

　　科学とは再現性があること：誰が見ても同じ現象が見えることです。

　　現象の説明：錯視現象は、誰もが同じように見える現象です。実際の図形を見ることで確認できます。錯視毎に本文中で解説します。

　　仮説：錯視は見る時の周辺条件や比較対象の本体の条件の違いによって生じます。周辺条件や本体の条件の違いを背景という言葉であらわすと、錯視は背景の違いによって生じます。

　　推論過程：本文中で詳細に記述します。

　　結論：錯視は、背景の違いによって生じています。

　　課題は定量性：科学的評価は、定量的である方がより価値が高いと言われています。

　　錯視現象は、心理的要因が強く作用するため、個人差が大きい現象です。そのため、比較法によって錯視現象をある程度測定できますが、その処理には個人差を考慮した統計的処理が必要になります。統計的処理のためには多数の観測結果としての実験結果が必要です。著者はその手段を持っていないため、本書では定量化の説明はしていません。興味のある方々の検証を期待します。

　本書における基本的考え方は、見ている対象について距離、角度、照明が同じであれば、自然の法則に従って同じに見えるが、背景が異なれば少しではあるが異なって見える場合があることです。さらにこれらは脳の働きが間違うのではなく、脳が正常に働くから見える科学的な現象と考えることです。

　本書は錯視を科学的に考え、全ての錯視に関する基本的現象を解説します。説明の仕方は科学論文ではないため、不十分な点が数多くあるか

もしれませんが、基本的考え方に間違いはないと思います。錯視に関心のある方々に読んでいただきたいと思います。

4．単純に考える

　錯視は錯覚の一分野で、見ることで生じている錯覚を錯視と言います。「錯視は何故起こるのか？」という問いに関する統一した答えは、前著『錯視の地動説』が出版されるまでありませんでした。しかし、前著に関する一般的な講評を一言で言えば「難解」だということでした。そのため、本書は視点を変えて、できるだけ平易で単純に記載することを試みました。

　比較心理学における原則の一つにモーガンの公準があります。「低次の心的能力によって説明可能なことは、高次の心的能力によって解釈してはならない」ということです。このことを「簡単に説明できることを、複雑に説明する必要はない」と解釈して本書を作成しました。

⑴ 見るということ

「錯視は何故起こるのか？」が本書の主題です。錯視は具体的な対象物を見る時に、その見え方が科学的に見た本来の見え方と何かが異なって見える現象です。

　そのために、錯視を論じる時には、最初に見ることの基本的状態などを知っておく必要があります。実際にコップを見て判ることは、目からコップまでの距離が違えば大きさが違って見えることです。二つのコップを見比べる場合、同じ大きさのコップでコップまでの距離が同じであれば、二つのコップの大きさは同じ大きさに見えます。このことは、元の大きさが同じで距離が同じであれば同じ大きさに見えると言います。

　二つのコップを見る時の角度が同じになるようにして、同じ場所から見れば、コップの形は同じに見えます。コップの形は、そのコップを見る角度を同じにすれば、見ている形は同じに見えます。見る時の角度が同じであれば、元の形が同じならば同じ形に見えます。

　二つのコップに光が当たっていなければ、コップを見ることはできま

せん。二つのコップに同じ種類の光が当たっていれば、二つのコップはもとの色彩が同じであれば、同じ色彩に見えます。

　二つのコップを見比べた場合、コップまでの距離が決まれば大きさが決まり、コップを見る角度が決まれば形が決まり、コップを照らす照明が決まれば色彩が決まります。

　距離、角度、照明が決まれば、大きさ、形、色彩が決まります。この状態が、一般的に対象（この例ではコップ）が見える状態です。写真や動画に写した場合も、これらが決まれば、大きさ、形、色彩が決まり、対象の見え方が決まります。

　私達は対象を見ると、形状（大きさ、長さ、形、角度など）、色彩（明暗、彩度、色相）、動きなどが判ります。形状は対象までの距離や対象を見る時の角度、色彩は照明光による反射光、動きは対象の時間的経過による移動によって判ります。

　対象までの距離や対象を見る時の角度、照明光が同じ場合は、写真で写した時のように、科学的な現象には変わりがありません。しかし、二つが同じ対象でも、その対象を取り囲む条件（この後背景と記述する）が異なれば、実際に見える形状や色彩が異なって見える場合があります。物理科学的には同じ二つでも、同じ二つの対象が、背景が異なるだけで異なって見える場合です。二つを比較した場合、もとの状態が同じでも背景が異なることで、実際の見え方が異なる現象を錯視と言います。

⑵ 錯視は何故起こるのか？

　本書は「錯視は何故起こるのか？」を解説します。錯視は見ることで起こる現象であるため、冒頭で見ることについて記載しました。最初に記載した「見ること」についての記載に納得がいかない方は、この後を読んでも納得されることは無いと思います。読むだけ無駄です。既存の理論が全て正しく修正の余地がないと思っている方も同様です。

　既存の理論では、錯視が何故生じるのかの説明が不十分だと思う方々には是非読んでいただきたいと思います。

①錯視の意味

　最初に結論です。錯視は目から入る情報を「はっきり」させるために起こります。見ている対象を「はっきり」させるために生じている現象が錯視です。

　錯視は、「物理科学的法則に基づいた見え方では同じであるはずの対象」が実際に見た場合には「何かが異なって見えるように『意識』される現象」です。この「　」内の言葉が本書で説明する錯視です。

②錯視の基本分類　広義の錯視

　見えている状態が実際には何も異なっていない場合に「意識」だけが異なって見えているように誘導される現象があります。「何かが異なって見えるように『意識』される現象」ではなく、見える対象は何も異なっていないけれど、見ている時の意識だけが、「何かおかしい」と感じる現象です。これらはトリックアートまたは平面化の錯視に分類しました。見ている感覚が何かおかしいと感じる場合で、錯覚ではあるが、厳密な意味での錯視ではないので、本書では広義の意味での錯視に分類しました。

　異なっている原因を科学の法則で、特に反射や屈折のように容易に説明できる場合、具体的には鏡に映る映像、虹、水面下が浮き上がったように見える現象などは、本書では錯視には含めていません。

③錯視の解説

　ネットにある「日本大百科全書」の錯視の解説によると、今井省吾氏は次のように述べています。「視覚における錯覚のことで、明るさ、色、大きさ、長さ、形、方向、奥行、運動の錯視がある。錯視は、刺激を注意深く観察しても、またそれを熟知する人が観察しても明確に生じる。日常生活において、分量は小さくても、錯視と同様のずれや歪（ゆが）みを生じている場合が多いが、そのずれや歪みが顕著に生じる場合を錯視という。錯視はなんら特殊な異常な現象でなく、正常な知覚である。錯視の研究は、知覚全般を支配する一般原理を探るための有効な手段と考えられている。錯視を分類すると、幾何学的錯視、多義図形の錯視、

逆理図形の錯視、月の錯視、対比錯視、運動の錯視、勾配（こうばい）の錯視、方向づけの錯視となる。」

　本書の説明も、基本的考え方は、ここでの考え方と一致しています（分類については、多少の相違はありますが、基本的考え方は同じです）。

④錯視の概要

　錯視とは、二つの対象を見比べた時、物理科学的な見え方は距離、角度、照明が決まれば同じに見える対象が、背景の違いによって実際に異なって見える現象のことです。対象を見ている時の基本的条件が同じ時に背景だけの違いで形状や色彩、動きなどが異なって見える現象であるため、その異なり方はかなり小さなものです。従って、背景の違いが大きな境界部分などで、この現象が目で見て判るほどになる場合があります。目で見て判るほどに大きな違いになった時を錯視と言います。

　背景が違っても本体は同じです。従って、物理科学的な形状や色彩、動きは同じに見えます。対象を見た時に背景が異なると、私達人間は、対象と背景との違いを「はっきり」させようとの意識が働きます。情報を「はっきり」させることは私達が生きていくうえでの必須の条件だからです。見ている対象の情報を「はっきり」させるために、視覚機能や脳は常に働いています。物理的見え方が同じ時に、背景の違いによって、少し異なった状態が生じます。その異なり方が目で見て判るほどに大きくなった場合が錯視です。

⑤考察の進め方

　対象までの距離、対象を見る角度、照明が同じであれば、物理的な形状は同じなため、写真や映像では同じに映ります。しかし、目で見た場合は、背景が異なると大きさや形、色彩、動きなどが異なって見えます。目で見た場合の異なり方は、距離が一定の時にも生じていることから、一定距離にある平面上でも生じていることになります。このため、本書では一定距離にある平面図形を基本として考察を進めます。

　平面上に表現された図形が、背景の違いによって、大きさなどの形状

や色彩が異なって見えることを初めに立証します。さらに、平面上の図形について、図形が特殊な場合や、背景が特殊な場合に起こる現象について立証します。

　さらに、これらの現象が目や脳の働きとどのような関係にあるかを記載します。目や脳の働きのどのような機能が錯視を生じさせているかについてです。機能的には未解明の部分もありますが、それらには今後の検証が必要でしょう。

　考察を進めるにあたって、特筆すべき事項は、全ての錯視現象が平面上の現象として説明が可能になっていることです。

⑶ 既存の理論との関係

　本書は、既存の錯視理論の根本が間違っていると主張しています。いわば、既存論に対する挑戦状です。

　本書は錯視について総合的に説明しています。既存の理論は根本が間違っているため、総合的な説明は当然のことながら、個々の説明でも間違った説明が多くなっています。

　既存理論の間違いについては『錯視の地動説』において既に公表しています。内容には不十分な箇所が数多くあり、今後十分に補完する必要がありますが、基本的な考え方は『錯視の地動説』に記載の通りです。本書では、既存理論に関する反論を最小限に留め、「錯視は何故起こるのか？」ということに焦点を絞りました。

5. 見るあるいは見えることと錯視

⑴ 錯視とは

　日常私達が見ているモノ（対象）は、距離が決まると大きさが決まり、角度が決まると形状が決まり、照明が決まると色彩が決定します。平面上に記載された同じ大きさで同じ形状の二つの図形は、距離が同じで、見ている角度も同じで、同じ色彩の光で照明されていれば同じに見えます。写真やパソコンの画像でも同じに見えます。物理的法則が同じなので二つの図形は同じに見えます。しかし、二つの対象となる図形の

周辺の条件が異なるだけで二つの図形は、異なって見えることがあります。周辺の条件（背景）が異なるだけで、目で見て判るほど違いが大きい場合を「錯視」と言います。

　錯視とは物理的法則の下では同じに見える平面上の対象が、背景である周辺の違いによって、何かが異なって見える現象です。

　何が異なるかを大きく分類すると、形状（長さ、大きさ、方向、方位など）、色彩（明度、彩度、色相）、情報（過不足情報の補完）に分類できます。これらが複合的に働く場合もあり、動きの違いもこれらが単独或いは複合的に働いた結果と考えられます。

　錯視は特殊なあるいは異常な現象ではなく、誰にでも現れる当たり前の現象です。当たり前ということは、目や脳が正常に働いている場合に、誰にでも等しく起こる現象だということです。その現象は、物理科学的には何も異なっていないのに、実際に見えていることを異なっているように知覚することです。

(2) 錯視の定義

　錯視は、物理科学的状態が同じ対象でも、対象の背景が異なることで、実際に「何かが異なって見えるように『意識』される現象」です。

　錯視は、平面図形において対象を見る時の「背景」の違いによって生じる現象です。

　錯視は物理科学的には同じ見え方の対象が、背景の違いによって、私達の目や脳の働き等が関わり、実際の見え方が変わる現象で、現象面から分類すると、形状が異なって見える「形状の錯視」、色彩が異なって見える「色彩の錯視」、さらに脳の働きが直接関係し情報を取捨選択する「情報の錯視」があります。さらにこれらが複合して生じる錯視があります。

(3) 情報を「はっきり」させるために

　全ての錯視は、背景が異なる時に見ている対象との違いを「はっきり」させるために起こる現象です。情報を「はっきり」させるために、私達の目や脳が正常に機能し、情報を「はっきり」させようとして働き

ます。私達が生きていくうえで最も重要な要素は情報を「はっきり」させることです。

　人類の進化の中心は、情報を「はっきり」させる機能の進化と、その機能を有効に使う身体的機能の進化です。情報を「はっきり」させる進化の大部分は目の機能の進化です。目の知覚器官としての進化は、人類の進化の歴史としてかなり明確になっていますが、器官が進化することは、同時にそれらの成果を知覚する機能も進化していることになります。器官そのものの進化がハード面の進化とすれば、その結果を知覚器官や脳で「はっきり」判るようにするソフト面の進化が同時に起こっていることになります。

　情報を「はっきり」させる具体的な方法が、違いを「強調」することです。小さな違いを大きな違いに置き換える「強調」によって、情報は「はっきり」します。その具体的な方法が錯視を検討することで判ります。これらの「強調」は現代社会で多用されており、現代社会を支えている基本原理です。最も典型的な例が「見える化」です。不要なものを削除し、小さな違いを「強調」することで、情報は「はっきり」します。

⑷　見ることの分類

　錯視は、見ている対象が「何かが異なって見えるように『意識』される現象」です。

　錯視を知るためには、対象が何であるか知覚する行為である「見る」ということがどのようなことであるかを知ることが必要です。

　ここでは「見る、見える」ということがどのように分類されるかを最初に記述します。次に錯視を要因毎に分類します。夢や幻視のように見ている対象が無い場合を除いて、対象そのものを見ることについて考えます。適度の明るさ、適度の大きさの範囲、静止状態あるいは適度な移動速度の範囲で生じることなどが、対象となります。ここでも適度に見ている状態での見え方が対象になります。

　私達は見ている対象の形や色彩および動きなどを、目で見てどのような対象であるかを脳で意識します。この見るあるいは見えるという現象

は、錯視も含めると次のように纏められます。

①対象の有無　　無　夢と幻視

　見ている対象が実在するか否かの分類です。夢は通常寝ている時に見ますが、見ている対象は存在しません。幻視や白日夢は、起きている時に見えますが、これも対象は存在しません。対象が実在しない場合は通常見えてしまうものです。私達が通常「見る」という場合は、見ている対象が存在する場合です。

　夢と幻視は錯視の検討対象から除外します。

②見ることと背景

　私達が対象を見る時は、対象本体や周辺の状況によって見え方が異なります。ここでは対象や周辺状況など見え方に影響を与える要素を「背景」と呼んでいます。背景が異なることで見え方が異なります。背景の存在が見え方にあまり影響を与えていない状況が、通常の見え方で、私達が普通に見ている状態が通常の見え方です。

　背景の存在が見え方に影響を与える場合、ここでは背景によって「何かが異なって見える」と表現しています。背景の存在によって全ての対象は何かが異なっているように見えます。何かが異なっているように見える現象も、その内容は様々です。

　本体の物理的条件が同じでも、背景が異なることで異なって見えるのが錯視です。

③見える内容が異なっていない場合　トリックアート

　見ている対象の形状、色彩、動きなどは、あるがままに見えている状態で、見ていることが何も異なっていない場合です。実際に見ている対象も何も異なっていないにもかかわらず、何かが異なっているように意識させられる現象があります。これらは、トリックアートと呼ばれています。

　だまし絵や、立体を平面的に見る場合に生じる見え方の違いなどです。本書では、トリックアートおよび平面化の錯視として、厳密な意味

での錯視とは区別します。これらは、形状、色彩、動きなどは何も異ならずあるがままに見えているため、厳密な意味での錯視とは言えないからです。錯視が実際に形状や色彩などが異なって見えることからすると、あるがままに見えているトリックアートは「錯覚」ですが、実際に形状や色彩が異なって見える錯視とは違います。錯視は形状、色彩、動きなどが実際に異なって見える現象です（今まではこのような分類の考え方は確立されていないようです）。

④科学的に証明可能な現象　錯視ではない

　鏡で左右が反対に見える、雨上がりの空に虹が見える、水底のものが浮き上がったように見える、蜃気楼など、その現象の要因が「光の反射と屈折」などの科学的原理から容易に説明可能な現象は、一般的に錯視には含めません。科学現象としてそのように見えるのが当たり前だからです。しかし、反射と屈折以外の要因で、何かが異なって見える現象については、錯視に加える場合があります。

⑸ 錯視の分類と要因

　背景の違いによって実際に対象の形状や色彩、動きなど何かが異なっているように意識される現象は、形状の錯視、色彩の錯視、情報の錯視に分かれます。さらに情報の錯視は、意識の直接的な働きによる明確化と優先度の錯視に分類されます。優先度の中には動きについてどちらを優先するかという優先度の錯視も含まれます。

　次に錯視の分類と基本的要因について記載します。基本的要因についてはそのような現象が、人間の目や脳の機能とどのように結びついて生じるかの説明が必要です。この説明が、錯視の具体的な説明になります。本書では第2章で説明します。

①形状の錯視

　幾何学的錯視と言われています。長さや大きさ、角度・方位・曲率などが異なる現象で、大きさが異なる天体錯視もここに含まれます。

　形状の錯視は、小さな対象を見た時にすぐ近くに何かが存在すると比

較対象とその存在する対象（背景）の違いを「はっきり」させるために、その該当する部分の近く全般を拡大して「はっきり」させるために生じます。

②色彩の錯視

　明暗、彩度、色相などが異なって見える現象です。隣接する色彩同士の距離の違いなどで、対比や同化・混合が生じます。かなり狭い範囲で対比と同化・混合が多数繰り返されると「ちらつき」が生じ、ちらつきに方向性があると静止画像にも「動き」が生じているように見えます。

　網膜で光から電気信号に変換される時は、時間が必要です。時間差が生じることで、動きが異なった現象が見られます。

　網膜で光から電気信号に変換される時は、急激な変化があると過剰現象が生じます。色相の場合は補色が生じます。

③情報の錯視
○その１　不足情報の補完

　視覚情報を「はっきり」させるために生じる現象で、不足する情報は補完して情報を「はっきり」させます。

○その２　過剰情報の削除

　情報を「はっきり」させるために、過剰な情報は削除されます。脳やAIの基本的働きは、情報を「はっきり」させることです。「はっきり」させるためには、過剰情報を削除することです。過剰情報の削除は人間が同時に二つのことを実施できないことと同じです。

　二つの動きは片方が優先されて見える場合や、視野の広い方の変化が優先されて見える場合、極度に意識を集中した場合に周辺部分が見えなくなる現象は二つの情報が存在すると意識を集中した部分が判り難いため、その一方を削除する現象です。

　色相の細部の違いまで「はっきり」判るようにするためには、同じ色相が広い範囲を覆っていると細部の違いは「はっきり」しなくなります。同一色で広い範囲が被われていると、僅かですが反対色が生じ

ます。

④複合型
　上記の３種類が複合して生じる錯視です。

６．情報を「はっきり」させるための身体機能と機器

　情報を「はっきり」させることは、私達人類が生き延びていくための重要な基本要素です。情報の80％以上が目から入る情報です。錯視は、私達が対象を見る時に物理的な見え方以外に「意識」が作用して、情報を「はっきり」させるために、少し異なった見え方が生じることです。
　錯視は対象を「はっきり」させるために生じている現象であるため、錯視を生じさせている要因を実体として出現させれば、対象を「はっきり」させて見えるようにできます。錯視は私達が生きていくうえで最も重要な情報を「はっきり」させるための知覚機能です。錯視の要因を熟知することは、私達が生きていくうえで必要な情報を「はっきり」させる手段が何であるかを知ることです。そして、情報を「はっきり」させることは現代科学の基礎そのものです。
　ここでは錯視現象を生じさせている原因と、その現象を拡大して「はっきり」させている機器などを関連させて紹介します。それらの機器の開発は、錯視現象とは直接には関係しませんが、結果的には錯視現象で生じていることをさらに拡大・強調させて実際に役立つ機器としたのが、光学機器などです。
　錯視現象を熟知することで新たな機器の開発が可能になるかもしれません。ここでは光学機器としての機能面からみた状況と人間の錯視との関連について思いつくままに記載します。

(1) 光学機器における拡大

　虫眼鏡、望遠鏡、顕微鏡など光学機器は、小さな対象を拡大することで、見える対象を「はっきり」させてきました。小さな対象は拡大することで「はっきり」と違いが判ります。形状の錯視の基本原理を利用し

ています。小さな違いは拡大することで「はっきり」します。小さな違いは拡大することで違いが「強調」されます。

⑵ 照明とAI　同一色について

　暗闇でも明るい照明を当てることで対象は「はっきり」見えます。色相が偏っていると画面全体が同一色調になるため、同一色相を軽減することで全体の差異が判りやすくなります。同じ傾向のものを削除することで、画面におけるそれぞれの違いが「はっきり」します。不要な照明光などを削除することで、全体の違いが「はっきり」します。

　照明光だけでなく、画面上の共通事項を削除することで、違いが「はっきり」することは、「見える化」の技術で多用されています。共通事項を削除することで違いが「強調」されます。

⑶ 不要情報の削除　可能性の選択

　一つの対象に対して二つの解釈が可能な場合などは、一方の情報が不要です。二者択一の見え方が肝要です。科学的にも不要な情報は削除して考えるのが妥当です。AIの基本的働きの一つです。囲碁や将棋などゲームのAIプログラムは、多数の可能性のある手筋から最適な手筋を見つけ出します。最適な手筋を見つけ出すことは、多数の手筋の中の不要な手筋を排除していくことです。最良の手筋を見つけることは不要情報を削除していくことで成立します。不要な情報を削除することで違いが「強調」されます。

⑷ 不足情報の充足　可能性の選択

　情報は常に完璧なものとは言えません。情報の不足を補い、「はっきり」させることも重要です。情報が不足する時は影響力の大きいデータを使って、不足分を補充します。既存のデータを活用して不足分を補充するのです。AIの基本的働きの一つです。

　囲碁や将棋などのゲームのAIプログラムでも、多数の可能性のある手筋そのものが無ければ最良の手筋の存在が無いことになります。最良の手筋の前に多数の手筋そのものが存在することが必要です。不足して

いる情報を充足する機能が必要です。

　不足情報の補充に当たっては、直前直後に関連する事項を見た場合の影響を強く受けます。時空が近接した事項から、意識が誘導されて見え方が変わる場合があります。

　不足情報は補塡することで、違いが「強調」され「はっきり」します。

⑤ 反応時間　視覚の時間要素

　データを得るには時間が必要です。反応時間は光学機器そのもののハードとしての性能です。光信号から電気信号への変換には、一般的には瞬時と思われる時間でも、必ず時間がなければ、変換そのものが行われません。短時間でこの変換が行われることを感度が高い、あるいは高感度であると言います。

　光学器械が高感度であれば、短い時間で映像が映せるため、時間の変動に対して鋭敏になり、瞬時の動きに対しても正確な静止画像が得られるようになります。

⑥ 空間構成　視覚の空間要素

　データを得るには空間が必要です。空間の構成は光学機器そのものがハードとしての情報を得るための基本要素です。空間として縦長の情報であるか横長の情報であるかによって、得られる情報の範囲が異なります。

７．錯視に関する基本的考え方

　脳が正常に働いている時に、情報を「はっきり」させるために物理的見え方とは異なる見え方が錯視です。

　錯視は平面図形において、二つの比較対象が距離、角度、照明が同じで物理的に同じ状態に見える時に、背景である条件が異なることで、実際に大きさや色彩などが異なって見える現象です。視覚情報を「はっきり」させるために生じる現象で、平面上に生じていること、背景の違い

で生じていることが基本的特色です。

　前項「錯視の分類と要因」で説明した要因を科学的に説明することが、錯視の要因を説明する科学的理論になります。第2章「錯視は何故起こるのか？」で具体的に説明します。

　具体的要因だけを知りたい場合は、形状の錯視、色彩の錯視、情報の錯視の項目を見て下さい。それだけで、錯視が生じている原因が判ります。錯視は細部の違いまで「はっきり」させるために生じていることが判ると思います。そしてその奥には、人間の基本的特質があることが判っていただけると思います。

　本書では基本的図形のほぼすべてについて、その要因を記載します。基本の要因が判ると一見すると何の関係もなさそうな現象が、同じ原理で生じていることが判ります。

　例えば、2019年の錯視コンテストで年間大賞を取った二軸錯視と2位作品が、理髪店の看板（サインポール）と同じ原理で作成されていることなどです。錯視は年代と共に新たな作品の傾向がありますが、2019年は、同じ原理の作品が1位と2位を分け合いました。どれもが横方向の動きが基本的動きですが、この動きを縦方向の動きに誘導して、動きそのものなど何かが異なっているように見せています。

第2章　錯視は何故起こるのか？

　背景が異なると「何故見え方が異なるのか？」ということについて、説明したいと思います。対象までの距離、角度、色彩が異なる場合に、形状や色彩が異なって見えることは、物理科学の理論で説明可能ですが、これらが同じでも、背景が変わることで見え方が変わることが錯視です。

　錯視は背景の違いによって、私達の対象を見る器官である目や脳の働きと連動させて生じる「見え方が異なる」現象です。この現象がどのようにして生じるかを、背景と関連させて説明することが錯視の要因に関する説明となります。

　第2章では、背景が異なると異なって見える対象について、その現象が目や脳のどのような働きに関係しているかを考察します。

　この考察における基本的考え方は、目や脳は正常に働いていることです。AI（人工頭脳）に例えれば、AIのハードが正常に機能することです。AIのハードが壊れていてはそのAIは使い物になりません。人間の場合も、目の機能が壊れていれば対象を見ることができません。脳が正常に働かなければ、正常な知覚が得られず正確な形なども判りません。

　器官としての目や脳が正常に働いた状態で、背景の違いによって、錯視現象が生じているということが本章での基本的考え方です。

　AIに例えれば、中央演算装置（CPU）が正常に働くことに該当します。CPUはコンピューターにおけるあらゆる入力装置からデータを受け取り、演算処理を行い、出力として送り返します。目から入った視覚情報は、脳内で視覚が処理され知覚として受容されます。

　AIで演算処理を行うためには、演算処理を行うソフトであるプログラムが必要です。人間の視覚においても、対象からの光信号を知覚するためのソフトであるプログラムが必要です。視覚における目や脳の基本的機能が基本的情報を入手するハードとすれば、入力情報を具体的に処理するソフトであるプログラムがあって、初めて見ることが完成すると言えるでしょう。

目や脳の基本的働きと、入力情報を具体的に処理しているソフト機能を関連させて、錯視現象の全容を説明します。

　私達人間の進化は、目から入る情報量の質と量の向上の歴史ですが、ハード面だけの歴史ではなく、それに伴って、必ずそれらを理解できる脳の機能の発展の歴史でもあるわけです。ハードとしての機能が進化しても、その機能を受容できるソフトが進化し、充実しなければ、該当する機能は無意味です。

　目や脳のハード面の機能は、これまでも多くの研究がなされ多くのことが判っています。しかし、ソフト面の研究は、少し遅れているように思われます。

　視覚におけるソフト面とは、対象を見た時に特定の反応を示す機能です。その多くが進化の過程で組み込まれた機能であり、成長の過程で組み込まれた機能と考えることが妥当と思われます。

　本書では「進化の過程で取得した能力」として、誰もが共通して知覚する現象としています。「進化の過程で取得した能力」は、目や脳の基本的機能と同様、人類共通の現象であり、誰もが同じように知覚する現象です。

「進化の過程で取得した能力」はソフトとしての基本的能力ですが、周辺環境などから進化の過程でそのように意識することが多い現象もあります。

1．錯視は何故起こるのか？　錯視理論

　錯視は、何ら異常な現象ではなく、日常的に見ている現象のズレや歪みが顕著な場合です。日常見ている現象で違いが生じていても、その違いが物理的法則で説明できる場合などは錯視には含めません。錯視と言う場合は、物理的な計測では何ら違いは生じていないにもかかわらず、私達が「意識」する対象の形状や色彩、動きなどの情報が異なって見える現象です。

　錯視は、目で見た情報を「はっきり」させるために、背景の違う境界部分で「何かが異なって見えるように『意識』される現象」です。背景

の違いに対応して情報を「はっきり」させるため脳や目の機能が適切に働くことで生じます。背景の違いで情報が「はっきり」することを示すことが錯視の理論であり、「はっきり」させるために脳や目の機能がどのように作用しているかを示すのが錯視の要因を示す理論となります。

　背景の違いに応じて情報がどのように「はっきり」させられるかは、錯視現象を調べ、その要因を明らかにすることでわかります。「はっきり」させる時に行われている働きは、小さな差異を「強調」していることです。錯視現象が観察結果であることから、比較的簡単に何が「強調」されているかを調べることで、その要因を明らかにすることができます。

⑴　見ることに関する人間の基本活動

　人間の基本活動の一つは、命を繋ぐために情報を「はっきり」させることです。

　人類の進化の歴史は、その大部分が情報を「はっきり」させるための能力と具体的な脳の進化の歴史です。しかし、「進化の過程で取得した能力」は、具体的にどのような能力であるかを説明することは可能ですが、基本的には脳の働きに関する事項であるため、現時点ではそのメカニズムの全てを説明することは困難です。総合的に説明することは困難ですが、視覚に直接関係する事項は水晶体や網膜の働きあるいは脳の働きとしてある程度説明することが可能です。

　進化の過程で取得した能力は、人類が生き延びるために大きな影響を与える能力です。

「進化の過程で取得した能力」が脳の「意識」として働いた結果、境界部で過剰に大きな変化として具体的に判るようになった現象が「錯視」と言えます。人間の命を繋ぐ活動の基本が情報を「はっきり」させることで、「はっきり」させるために生じている現象が錯視です。

　ここでは、情報を「はっきり」させるための目と脳のハードとしての器官の働きと、ソフトとして「進化の過程で取得した能力」の双方を関連させながら、具体的な働きを記述します。

　同一平面上で照明が同じ時、対象は物理科学的には同じに見えます

が、実際には周辺状況である背景の違いで、何かが異なって見えます。背景の違いでその異なり方が大きい場合が錯視です。

　ここでは目や脳の基本的ハードとしての働き、基本的働きの中で具体的な見え方を決定する要素をソフトとしての働きとして、実際の見え方が決定することを記述します。ハードは目や脳の基本的働きです。ソフトは「進化の過程で取得した能力」です。

「進化の過程で取得した能力」がどのような現象であるかは、錯視図形を検討していく段階で明らかになります。「進化の過程で取得した能力」は、錯視図や実験で実際にそのような現象が生じていることが確認できます。そのため、観測上の事実と言える現象です。

⑵　錯視の要因

　錯視は、背景が異なる時、見ている対象を「はっきり」させるために、脳や目の基本的働きと「進化の過程で取得した能力」が要因で生じます。錯視は「背景の違い」で生じる現象です。具体的錯視現象は背景の違い毎に、目や脳の基本的能力と「進化の過程で取得した能力」を組み合わせることで説明が可能になります。

　錯視現象を起している器官が人間の脳や目の働きであることも、多くの観測結果から実証され判っています。しかし、脳や目のどのようなメカニズムでその現象が生じているかは判っていない部分があります。本書では、そのメカニズムが証明できない時にも、その現象が観測結果から証明されれば、「人間の進化の過程で取得した能力」という表現をしています。「進化の過程で取得した能力」は存在は立証できても、そのメカニズムがまだ十分には立証できない場合があります。今後の研究課題です。

⑶　錯視が生じる条件

　錯視によるズレや歪みが顕著に表れるのは、「背景が大きく異なる境界部分」です。境界部分の前後左右で、見ている時の背景が大きく変わると、見えている現象も大きく変わり、ズレや歪みなどが目で見て判るほどの状態が生じるのです。背景の違いによって見え方の違いが誘導さ

れた結果と言えます。

　背景のどこが違っているから、見え方の何が異なるかを関連させて説明することが、錯視の要因を説明する理論になります。錯視の要因がこれまで説明できなかった最大の理由が、この現象を説明する時に「意識」の働きを組み入れなかったことです。

「意識」を組み入れれば、物理的現象だけでは説明できなかったことまで、説明できます。これらの「意識」は「進化の過程で取得した能力」が関係します。背景に違いがある場合、小さな違いまで「はっきり」させようとする「意識」が、見ている対象の違いを大きくさせ、錯視を生じさせています。

　錯視を起こさせている基本的原因は、背景の違いです。「錯視は何故起こるのか？」その答えを一言で言えば、背景が異なるからと言えます。

２．平面図形の活用

　二つの対象を比較する場合、物理的法則での見え方が同じ時、何かが異なって見える現象が錯視です。物理的法則が同じ場合には、平面図形での表し方が適しています。平面図形では、対象図形までの距離、対象図形を見る角度、照明が全て同じ条件に設定できているからです。平面図形であれば、対象図形までの距離、対象図形を見る角度、照明が全て同じ条件であるため、二つの比較対象の違いが、背景の違いで生じていることが判りやすくなります。ここでも錯視現象の説明には、平面図形を使用します。

　平面図形に錯視現象が生じている場合には、３次元としての考え方は一切不要となります。錯視現象が平面図形で生じている場合は、現象は２次元としての考え方で完結します。平面で生じている錯視について、３次元の考え方を導入することは、それだけでその考え方の根本が間違った考え方となります。

3. 形状の錯視

⑴ 形状に関する目と脳の働き

　比較的小さな対象の周辺に何かが存在すると、自動的にそれが何であるか「はっきり」させようとする「意識」が働きます。「はっきり」させようとする無意識ともいえる「意識」によって、その対象に視線が向かい、明視点付近で見るようになります。

　意識を集中して「はっきり」見ようとすることで、目の水晶体は焦点を合わせるようにします。さらに、目の中心部で見つめることで、画像は網膜の視細胞の多い中心部とその近辺で見ることになります。対象を見た時、焦点がきちんと合わさり、網膜の中心部（明視点）で見ることで画像は「はっきり」と見えることになります。

　画像の小さな部分の違いを「はっきり」させるには、画像を拡大することです。拡大することで、小さな部分の違いまでが判るように画像は「はっきり」見えるようになります。

　対象の小さな違いまで「はっきり」させるために、目の水晶体が画像を「はっきり」と結び、網膜の明視点とその近傍で見ることでさらに「はっきり」とし、違いを「はっきり」させるためには、実際に拡大することであるため、画像は拡大されて見えることになります。

　なお、小さな部分での違いを「はっきり」させることと、拡大して見ることは相互に関係している事象と考えられます。さらに、同じ大きさの対象が拡大されて見えることは、その対象までの距離が短くなったことと認識されます。比較的小さな部分を見る時は、「はっきり」させることと、「拡大」すること、「距離が近く」なることとは、相互に関連する現象と捉えることができます。

　形状の錯視の基本要因は、比較的小さな対象付近に何かが存在する時、その違いを「はっきり」させるために、目の水晶体が焦点を「はっきり」合わせ、網膜の中心部の視細胞が密集した中心部とその近傍で見ることで、画像が「はっきり」することです。

　目のソフト面での働きは、小さな違いを「はっきり」させるために、「拡大」してみる現象と言えます。この拡大する働きが、形状の錯視の

48

基本要因です。相対的に大きな対象は縮小することで全体像が「はっきり」します。

　形状の錯視の基本要因は、小さな対象は拡大して見ることです。これが「進化の過程で取得した能力」で、目や脳はその意識に従って具体的に活動します。

　形状の錯視は、長さや大きさ、角度・方位・曲率などが物理科学的には同じに見えますが、実際の見え方が異なって見える現象です。大きさが異なる天体錯視もここに含まれます。形状の錯視では、同じ二つの対象が平面上に記載され、背景の違いによって、形状が異なって見えます。

　ここでは、背景の違いによって何が異なるのか、それは背景のどこが違うから生じているのかを、実例を示しながら記載します。

　検証の方法は、比較する対象として同一の形状を二つ、同一紙面に準備し、二つが同じに見えることを確認します（図形を見るだけで判る現象であるため、図形の解説はしていません）。次に錯視の要因となる背景図を準備します。実験方法は簡単です。背景図の上に比較対象である二つの形状を記載した図形を載せるだけです。この時背景と比較対象の二つの図形の両方が見えることが必要なので、一般的な背景図を白紙に描き、比較対象図を薄い透明板の上に描いて2枚の図面を準備します。

　最初に比較対象の図面を見ます。平面上に描かれた対象の図形は同じ形状に描かれているため、同じ形状に見えます。次に背景の上の適切な場所にこの二つが描かれた図面を載せます（載せた後の形状は、錯視図形と同じようになるようにしておきます）。こうすることで、錯視図形が出来上がります。その錯視図形では、比較される二つの対象が少し違った形状に見えます。非常に簡単にできる実験方法です。形状の錯視と言われる全ての錯視について同様に背景と比較対象を作って実験することが可能です。いずれの場合も比較対象が異なって見えることが確認できます。以下に実例を示します。小学生にこの実験をさせても簡単にできます。

⑵ 大きさの錯視

　平面上の図形で、比較する二つの図形が物理科学的な大きさが同じであるにもかかわらず、実際に見える大きさが異なって見える錯視があります。その代表的な錯視として、エビングハウス錯視、デルブーフ錯視、ポンゾ錯視について検討します。

　比較のために、比較される対象の図形とそれぞれの背景を作成します。

A　比較対象の二つの円　比較される対象

　初めに比較される対象として、透明板の上に二つの小さな円を少し離した位置に描きます。明るい黄のように多少色彩が付いていた方が判りやすいかもしれません。少し離れて描かれたこの円の大きさが比較される対象です。

B　エビングハウス錯視の背景

　白紙の上に、上記の小さな円の中心距離だけ離して、エビングハウス錯視の周辺部の円を描きます。左側を大きめの円とし、右側を小さめの円とします。大きめの円の中心と小さめの円の中心間の距離は、比較する透明板の中心間の距離と同じにします。白紙の上に描かれたこの図形が、エビングハウス錯視の背景となります。

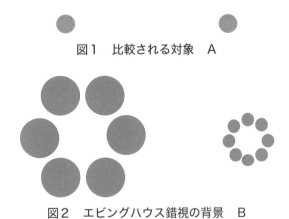

図1　比較される対象　A

図2　エビングハウス錯視の背景　B

C　デルブーフ錯視の背景

　　白紙の上に、小さな円の中心距離だけ離して、デルブーフ錯視の周辺部の円を描きます。左側に大きな一つの円を描き、右側に比較される円よりも少し大きな円を一つ描きます。白紙の上に描かれたこの図形がデルブーフ錯視の背景となります。

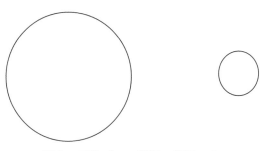

図3　デルブーフ錯視の背景　C

D　ポンゾ錯視の背景

　　白紙の上に円ではなく、2本の直線を描きます。左側が開き、右側が狭くなった直線です。2本の直線はどこかで交わりますが、その交点が具体的に図形上に表れている必要はありません。白紙の上に描かれたこの図形がポンゾ錯視の背景になります。

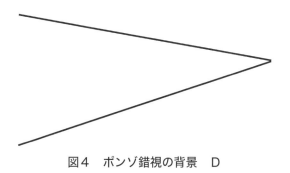

図4　ポンゾ錯視の背景　D

E　エビングハウス錯視の変形

　白紙の上に、デルブーフ錯視の左側の大きな円の円周上を中心位置とし、大きさがエビングハウス錯視の右側の円の大きさと同じ大きさの円とする図形を描きます。エビングハウス錯視の左側の大きな円が、多数の小さな円に置き換わった状態です。

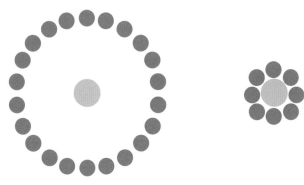

図5　変形エビングハウス錯視　E

①エビングハウス錯視

　Bの背景の上にAの比較対象が置かれた図が、エビングハウス錯視となります。中心部の円は、右側の円が大きく見えます。

②デルブーフ錯視

　Cの背景の上にAの比較対象が置かれた図が、デルブーフ錯視です。中心部の円は右側の円が大きく見えます。

③エビングハウス錯視の変形

　Eの背景の上にAの比較対象が置かれた図になり、エビングハウス錯視の比較対象を囲む小円の大きさが全て一致した状態です。中心部の円は右側が大きく見えます。

④現象の検討

　背景の上に比較対象の図形を載せることで、背景の違いによって見ている図形の大きさの違いが生じていることが証明できました。次はこの現象がどのような理由で生じているかを検証する必要があります。大きさの検証も異なるものと異ならないものを比較することから始めます。錯視現象が大きさの違いであるため、背景についても最初に大きさの違いを検討することが重要です。

　エビングハウス錯視とデルブーフ錯視は、両方とも背景の左側の円が大きく、右側の円が小さいという共通点があります。そのため、取り囲む円の大きさが異なるために、比較される円の大きさが異なって見えるのではないかという考え方が浮かびます。囲む円の大きさの違いと考えるのが正しいか否かという検討のために、背景の囲む円の大きさを左右で同じ大きさにしたのが、エビングハウス錯視の変形です。

　エビングハウス錯視の変形でも、比較される右側の中心の円は大きく見えます。このことから、囲む円の個々の大きさは直接には関係しないことが判ります。

　囲む円の大きさが関係しないのであれば、次は全体の大きさを比較することです。

　上記①、②、③に共通する大きさの考え方は、図形全体の大きさを比較しようと考えることになります。上記①、②、③の全てにおいて、左側の図形は、全体的に大きく、右側の図形は小さくなっています。

　これらのことを総合的に考えると、比較される小円について、右側にはすぐ傍らに円が存在し、左側では離れて存在することです。右側は全体として小さく、左側は全体として大きいと考えることもできます。

　これらのことから比較対象の小円の相対的な大きさが、図の左側のように全体として大きい場合は小さく見え、図の右側のように全体として小さい場合は大きく見えるという考え方が浮かびます。これらは、全て円の大きさの比較でした。円でない場合はどのようになるのでしょうか？　次に直線で一方が狭くなる場合を検討します。

⑤ポンゾ錯視

　Dの背景の上に、Aの比較対象が置かれた図がポンゾ錯視です。ポンゾ錯視では、比較される円の大きさは、右側が大きく左側が小さく見えます。円の大きさが変わって見えることはエビングハウス錯視やデルブーフ錯視とまったく同様です。

⑥現象の検討　その２

　エビングハウス錯視、デルブーフ錯視、ポンゾ錯視における共通点は、全て右側の対象図形が大きく見えることです。これらに共通する点は、右側の図形の近くには、円や直線が存在していますが、左側では円や直線が離れていることです。図形全体で見れば、左は大きいが、右は小さく見えることです。もう一つの見方が、比較する対象のすぐそばに何かが存在するか否かという問題点に突き当たります。

　全体として大きい場合は小さく見え、全体として小さい場合は大きく見えることは実証されたことになります。

⑦現象の検討　その３　オッペルクント錯視

　オッペルクント錯視は、少し短めの３本の線を縦に等間隔に描き、その等間隔の長さが比較対象になります。例えばその直線を左側から順に線分Ａ、線分Ｂ、線分Ｃとした場合、線分Ａと線分Ｂの間隔と、線分Ｂと線分Ｃの間隔は同じです（そのように描いたので当然の見え方です）。しかし、線分Ａと線分Ｂの間に、数本ほぼ同じ長さの線分を描きこみ、線分Ｂと線分Ｃの間には何も描きこみません。線分Ａと線分Ｂの間に描きこまれた数本の線分が背景ということです。

　背景を描きこんだ図形では、線分Ａと線分Ｂの間が少し広く見えるようになります。オッペルクント錯視として知られている現象です。背景として描きこまれた線分が錯視現象を作り出しています。線分Ａと線分Ｂの間には、数本の線分が存在するが、線分Ｂと線分Ｃの間には何も存在しないことがその原因であると考えられます。

⑧検討結果

　これらの現象の共通点は、比較される対象の近くに何かが存在すると大きく見えることです。同じ大きさの二つの図形は、比較する対象の近くに何もないあるいは遠く離れて全体が大きい場合は普通に見えますが、近くに何かが存在する場合や全体の大きさが小さい場合には少し拡大したように見えます。これらを一言で言うと、「はっきり」するために小さな部分は拡大して見ていることになります。

　大きさの錯視における以上の説明が、大きさが異なって見える現象面からの説明理論です。大きさの錯視の基本が説明されたことになります。

⑶　角度の錯視
①ポッケンドルフ錯視

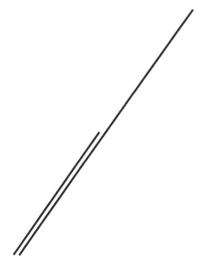

図６　ポッケンドルフ錯視の比較対象

Ａ　背景

　図７のように不透明の縦に長い長方形を透明板の上に貼り付けます。透明板の上に貼った不透明な長方形が、比較対象の二つの直線の

背景となります。

図7　ポッケンドルフ錯視の背景（上部を覆う図形）

②ポッケンドルフ錯視の要因

　比較対象の長い方の直線の中心部を隠すように、図7の四角部分の不透明板を載せると斜線の中央部分が長方形に覆われたポッケンドルフ錯視ができます。右上の直線の延長は、左下の2本の直線の左上の直線に繋がっているように見えます。

　途中に長方形が入ることで、右上からの直線の延長部分がズレたように見える現象です。長方形の存在で右上から左下に向かい、斜線と長方形の縦の線とで出来上がる鋭角の角度が少し広がって見えるようになったと考えられます。

　一般的に、一つの直線に他の直線が交わる時、そこに二つの角度ができます。最初の線が水平線とすれば、水平線に交わる斜線が右上から左下への斜線であれば、交点の左上部は90度よりも大きい鈍角となり、右上部は90度よりも角度の小さい鋭角になります。大きい対象を見る時は縮小あるいはそのままですが、小さな対象を見る時は拡大して見ていることは、前項(2)「大きさの錯視」で記載した通りです。角度におい

ても同様で、大きい角度は縮小して見え、小さな角度が拡大して見えます。

　ポッケンドルフ錯視は、右上の斜線と長方形の右側の線が作る角度が上部は鋭角であり、下部が鈍角であることから、上部の角度が広がったように見えることになります。左下ではその逆に、下部の角度が広がったように見えることになります。この二つの現象が重なり、右上から左下への斜線の延長が、本来の斜線の延長とは異なり、左下では上にズレたように見えることになります。

③ツェルナー錯視
A

　透明な平面の上に、水平方向に適度な長さの数本の平行線を描きます。この線がツェルナー錯視で比較される水平線です。

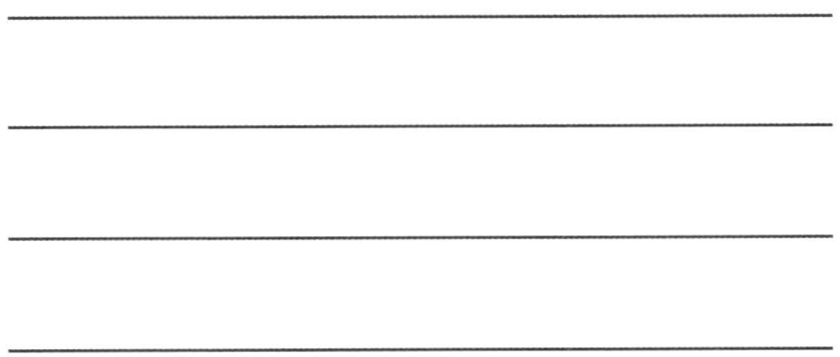

図8　ツェルナー錯視の比較対象（単なる平行線）

図9　ツェルナー錯視の背景

B

　水平線に重なるように短い間隔と長さで同一方向の斜線を多数描きます。次の段には斜線の向きを逆にして、短い間隔で同一方向の斜線を多数描きます。斜線の向きを交互に変え、その段数を平行線の数に合わせます。この斜線がツェルナー錯視の背景になります。

④ツェルナー錯視の要因

　図9の上に透明板に描かれた図8を載せるとツェルナー錯視になります。ツェルナー錯視では、本来平行であるはずの水平線が、交互に少し傾いて見えます。1段目と2段目で見ると、小さな斜線が1段目は右上から左下、2段目が左上から右下になっている場合、小さな斜線を1段目と2段目で一つとして見ると、左側が狭くなり右側が広くなったV字型が形成されていることになります。左側が狭くなったV字型が連続する場合、狭くなった方の中心部分は、大きく見えることになります。右側は逆に小さく見えます。

　小さなV字型が多数連続すると、2本の平行線の間は、左側が広がって見え、右が狭く見えるようになります。2本目と3本目の平行線の間は、その逆に左側が狭くなって見え、右側が広くなって見えるようになります。図形全体としては、水平の平行線が交互に広がりと狭まりを繰り返すことになります。

⑤ツェルナー錯視の特徴

　ツェルナー錯視の特徴は、平行線の間隔が交互に広がりと狭まりを繰り返すことです。

　ツェルナー錯視図を描いた紙面を手にもって、少し斜め横方向から見ると、拡大された部分は、平面から盛り上がったように見え、縮小された部分は奥に凹んだように見えます。このことは大きく見えることは、近くに見えることを表しています。

⑷　長さの錯視
①ポンゾ錯視

　前項⑵「大きさの錯視」で記載したポンゾ錯視で、比較する円の代わりに縦長の直線にした場合、直線の間隔が狭くなった場所の線の方が長く見えます。

②ミューラー・リヤー錯視

　２本の同じ長さの水平な線分を少し離して透明な紙面の平面上に描きます。この線がミューラー・リヤー錯視で比較される水平線です。

A　ミューラー・リヤー錯視の比較対象

　　比較図は単純な水平方向の長さの同じ平行線であるため、図面は省略します。

B　ミューラー・リヤー錯視の背景

　　線分の両端に、Ｖ字型の交点が重なるような背景を描きます。上部の線分の端部では、Ｖ字型の交点が外向きに、下部の線分ではＶ字型の交点が内向きになるように描きます。具体的には図10のように描きます。

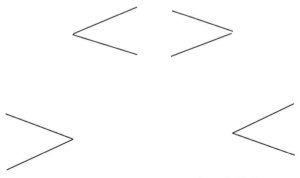

図10　ミューラー・リヤー錯視の背景図

③ミューラー・リヤー錯視の要因

　図10のV字型の交点部分を結ぶ同じ長さの水平線を描いた透明の図形を載せれば、ミューラー・リヤー錯視の完成です。ミューラー・リヤー錯視では、上の図の水平線と下の図の水平線の長さを比べると、上が短く見え下は長く見えます。

　右側に交点があるV字型の場合、右側が狭く左側が広い横向きのV字型です。このV字型の交点と反対側の端部との関係では、狭い角度は広がったように見えるので、V字型の交点の反対部分は、ほんの僅かですが、広がったように見えます。ここで重要なことは、一部に何らかの形状の変化が見られても、全体としては何時も同じ位置にあることです。V字型の解放部分が開いても、V字型そのものは移動するわけではないため、V字型の中心部分は固定されたままです。V字型の中心部分が固定されたまま、V字型の解放部分が開くと、水平方向で見ると、交点部分は内側に移動し、開放部分も内側に移動することになります。水平方向の移動だけから考えると、交点部分は交点の内側部分に移動することになります（これらは一般的には非常に小さな移動距離です）。V字型の交点がいずれもV字の内側に移動することから、水平線の長さも交点部分の移動に伴って移動します。V字型の交点が外向きの場合は、交点が内側に移動し、外向きの場合は外側に移動することになります。この結果、V字型の交点が外に向かう図10の上部の水平線は短く見え、内に向かう下部の水平線は長く見えることになります。

④アスカ錯視
A

　透明な平面の上に同じ長さの２本の線分を上下に描きます。これがアスカ錯視の比較される対象の長さになります。
　単純な２本の平行線であるため、図面を省略します。

B

　アスカ錯視の背景は、アスカ錯視の上部の線分の端部から、上部の延長上で交わる線分を描きます。下部の線分では、線分の端部の下の

方向に同じく線分を描きます。この線分も線分を上部に延長した場合は、その延長上で交差するようにします。具体的には図11を参照して下さい。

図11　アスカ錯視の背景図

⑤アスカ錯視の要因

　アスカ錯視の背景の上に、比較される対象の図形を載せるとアスカ錯視になります。比較検討のため、この図形を時計回りに90度回転させます。回転後の図形を見ると左側は全体が大きな図形になっており、右側は小さな図形になっています。また、形状全体はポンゾ錯視に似ています。小さな部分を見る時は拡大されて見えるようになります。アスカ錯視も右側は小さな図形になっています。そのため、線分も右側は長く見え、左側は相対的に短く見えるようになります。

⑸　形状の錯視の理論のまとめ

　形状の錯視における本章の第1の目的は、全ての錯視が平面上の図形において、背景の違いで生じていることを証明することでした。第2の目的は、大きさの錯視が証明できれば、その他のすべて、長さ、方位、角度などの形状の錯視が基本的に同じ原理で生じていることを証明することでした。第3の目的は、大きさの錯視の要因が、比較する対象のすぐ近くに何かが存在することで、その近くの対象が拡大されて見えていることを証明することでした。これら、3点はこれまでの理論で証明されたと考えます。

第1の目的の結果は、形状の錯視を説明する場合には、3次元として
の考え方はまったく不要だということです。2次元として見ている対象
に対して、3次元の考え方を入れなければ、説明ができない理論は間違
いです。形状の錯視の説明に、奥行きに関する考えや、遠近法の考え方
は全て不要です。逆に言えば、これらを使った理論は、全て間違った理
論になるということです。
　第2の目的は、本書での説明で判っていただけたと考えられます。
　第3の目的は形状の錯視が生じる基本原因が、小さな対象の近くに何
かが存在することの1点に絞られることです。この集約された理論か
ら、長さや角度、方位などの錯視に関する理論が導かれます。

4．色彩の錯視

　色彩は明暗、彩度、色相の総称です。同一距離にある平面上に表現さ
れた色彩は、照明光が同じならば、本来同じ色彩に見えるハズですが、
背景にある色彩の影響を受け、実際には異なった色彩に見えます。実際
に色彩が異なって見える現象が色彩の錯視です。

⑴ 色彩の錯視と目の働き

　隣接する色彩の影響を受け、それぞれの特質が相互に強調される現象
が対比です。空間的広さに着目してこの現象を考えると、対比は二つの
種類に分類されます。二つの色彩が一つの境界で接している場合に、そ
の境界の近辺で生じる縁辺対比がその一つです。
　もう一つは、一つの背景の中に、ある程度の面積の大きさを持った円
などの中と外で生じる対比です。縁辺対比は、境界線を挟んだ比較的狭
い領域だけに生じる現象です。一方、背景の中に、ある程度の大きさの
円などがある場合は、円の中全体で色彩の違いを強調する対比が生じて
います。縁辺対比と通常の対比は、そこに生じている現象が異なるた
め、異なる理由で生じていると考える必要があります。

①縁辺対比　シュブルール錯視

　縁辺対比は、平面上に縦の境界線がある場合、境界線の左右でそれぞれの色彩が、かなり狭い範囲ですが、それぞれ強調される現象です。

　この現象は、ノーベル賞を受賞したハートラインの実験結果を適用することで説明することができます。ハートラインの実験結果とは、一つの視細胞に光を当てた時、その影響が周辺にも影響することです。その影響は、当てた光とは反対の影響になります。水面に石を投げ入れた時、石が当たった水面は下がります。しかし、その周辺は、石が当たった直後には連動して少し下がりますが、その後には円状の波となって水面は上に上がります。視細胞に光を当てた場合も同じ現象が起こり、周辺部では当てた光と反対の現象が生じます。これらの現象は一般的には知覚に影響を与えない程度ですが、条件が急激に変わる境界では、その影響が「はっきり」と表れます。

　縁辺対比は、もともとの現象が細胞レベルの現象であるため、かなり狭い境界線のかなり狭い範囲に限定されたところで生じます（縁辺対比が具体的にどのようにして起こるかは、補足資料－1で解説します）。

　縁辺対比は、光が視細胞に当たった時、当たっている視細胞だけでなく、周辺にも影響を及ぼすことで生じる現象です。

　縁辺対比の典型的実例がシュブルール錯視です。

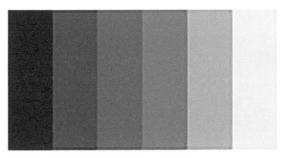

図12　シュブルール錯視

⑵ 対比とチェッカーシャドウ錯視

　比較対象の色彩は、背景の色彩が異なると、背景との違いが強調されます。同一の中間色を比較される色彩とし、背景をその色彩と極度に異なる色彩にすると、その差異がそれぞれ強調されます。ここでは、明度、彩度、色相を代表して、明暗について説明します。

①明暗の対比
A

　　透明な平面上に同じ明るさの明暗が中間的な灰色の円を少し離して描きます。二つの円の距離はＢの正方形の中心になるようにすると判りやすくなります。この二つの円が比較される対象となります。

B

　　白と黒の同じ大きさの正方形を左右に隣接して描きます。②の説明は左の正方形が白、右の正方形が黒の場合として記載します。

②明暗の対比現象

　Ｂの上にＡを載せると対比現象が生じ、左側の白い正方形の上の円は暗い灰色に見えますが、右側の黒い正方形の上の円は明るい灰色に見えます。背景と比較される対象との差異が強調された結果です。明度は背景にある明度の影響を受け、違いが強調されるのです。この現象を明暗の対比と言います。

　この場合の特徴は、比較された円の中の全体が同じ明るさに見えることです。従って、同じ対比であっても、上記の縁辺対比とは別の現象で生じていると考えられます。

　色彩は、照明光の影響を強く受けます。照明光が弱い場合は、それぞれの色彩の差異が小さくなりますが、照明光が強いと色彩の差異が「はっきり」します。照明光を強くすると色彩の差異が「はっきり」することは、日常の全ての現象で立証することができる事実です。

　比較される全体像を強い照明にすれば、色彩の違いも「はっきり」します。目の器官で考えれば、網膜の視細胞の感度を上げることで色彩の

違いも「はっきり」します。

　違いを「はっきり」させるために、網膜の感度を上げたことが要因であると推察されます。一般的に照明が弱い場合には、瞳孔を大きく開き網膜に当たる光量を多くしますが、それと同時に網膜の感度を上げ、さらに、網膜における光信号から電気信号への変換時間を長くして、弱い光であっても可能な限り「はっきり」させるように目の機能は働いています。対比の場合は、全体において網膜の感度が上がることが「はっきり」するために生じている現象と考えられます。

　対比は明暗だけでなく、彩度、色相においても生じる色彩全般に生じる現象です。

　対比は、一つの境界線を挟んだ両側でも生じます。この場合は、境界線の近くだけが影響を受け、境界線付近の色彩が反対側の色彩の影響を受け、違いが強調されます。

　対比現象は、接している色彩の影響が強いため、比較対象が四辺形である場合、辺が隣接している部分の影響は受けますが、角同士が隣接している色彩の影響は殆ど受けません。隣接する部分がほとんどないからです。

③明暗の対比による錯視　チェッカーシャドウ錯視

　対比そのものが一つの錯視現象と言えますが、ここでは明暗の対比を利用した錯視を紹介します。

④チェッカーシャドウ錯視の要因

　チェッカーシャドウ錯視は、図13におけるAとBの明度の比較です。明暗が異なる場合は、何故明暗が異なるかを考えます。

　初めにAとBが同じ明度の灰色であることを確認します。白紙を一枚準備しチェッカーシャドウ錯視のAの部分とBの部分だけを切り抜きます。この白紙の切り抜かれた部分がチェッカーシャドウ錯視のAとBの部分に重なるように重ねます。このようにすることで、周囲の影響がなくなります。その結果、AとBは同じ明るさの灰色に見えます。AとBが同じ明るさであることが証明できたことになります。

次に白紙を準備し、ＡとＢを含むことのできる少し大きめの長方形を切り抜きます。長方形の中には緑の筒が見えないようにします。こうすることで、切り抜かれた長方形の中は、ＡとＢとその周辺を少し含む図形になります。この図形の中で、ＡとＢの違いが生じていることを確認します。この図形だけでも、チェッカーシャドウ錯視のＡとＢの明暗の違いが生じていることが確認できます。

　改めて、この図形を見ると、Ａの四辺の外側は全て明るい灰色か白になっています。その一方、Ｂの四辺の外側は全て暗い灰色になっています。Ａは明るい灰色に囲まれているため、対比によって暗い灰色に見えます。Ｂは暗い灰色に囲まれているため、対比によって明るく見えます。

　ＡとＢは元の明るさが同じでも、周辺との対比関係で逆の現象が生じているために、明るさが異なって見えます。

図13　チェッカーシャドウ錯視

⑤チェッカーシャドウ錯視の既存の説明
　チェッカーシャドウ錯視の既存の説明が、間違いであることを参考ま

でここで証明します（既存の間違った説明）。

　この錯視のポイントは、Bのタイルに影がかかっているように見えることです。影がかかっている部分は、その回りよりも暗くなっています。しかし私達は「そのモノは、ある一部分だけが暗い色をしているのだ」とは決して感じません。つまり、影の効果を無意識的に差し引いて、モノの実際の色や明るさを認識しているのです。

　チェッカーシャドウ錯視のタイルの明るさを機械で測定すれば、「AとBの明るさは同じ」という答えが出てきます。しかしそのように「物理的に正しく」見ることは、決して都合の良いことではありません。たとえ物理的な明るさは同じであっても、AとBはチェッカーボードにおいてそれぞれ黒、白のタイルである、と見る方が正しいのです。そうでないと、チェッカーボードをチェッカーボードとして認識できなくなるのですから。チェッカーシャドウ錯視では、影がかかったタイルから、影の影響を取り除き、「真の」明るさを瞬時にして認識する視覚システムの、きわめて巧妙な働きを確認することができるのです。

　この説明のポイントは「影の効果を無意識に差し引いて、モノの実際の明るさを認識している」ということと、「たとえ物理的明るさは同じでも、チェッカーボードにおいてそれぞれ黒、白のタイルであると見る方が正しいのです。」ということです。さらに「『真の』明るさを瞬時にして認識する視覚システムの『きわめて巧妙な働き』を確認」することができるという点です。

⑥実際の明るさを認識

　影の効果を無意識的に差し引いて、モノの実際の色や明るさを認識していると述べています。この考え方は、基本が間違っています。見ている対象に実際の色や明るさはありません。白色光で照明した時に本体の対象の色や明るさが見えるだけで、照明光が変われば、そこで見える色彩も変わります。色彩は照明光に依存して見えるだけで、実際の明るさなどは存在しません。

⑦チェッカーボードとしての認識

　既存の説明では「『物理的に正しく』見ることは、決して都合の良いことではありません。たとえ物理的な明るさは同じであっても、ＡとＢはチェッカーボードにおいてそれぞれ黒、白のタイルである、と見る方が正しいのです。そうでないと、チェッカーボードをチェッカーボードとして認識できなくなるのですから。」と述べています。

　図形をチェッカーボードとして最初から認識する必要はありません。図形を見た結果としてチェッカーボードか否かが判断されるだけです。見ることについて正しいか正しくないかの判断は不要です。

⑧「真の」明るさ

　チェッカーシャドウ錯視では、影がかかったタイルから、影の影響を取り除き、「真の」明るさを瞬時にして認識する視覚システムの、きわめて巧妙な働きを確認することができるのです。

「真の」明るさ？　意味不明の言葉です。色彩は全て対象の持っている色彩と照明との相互関係で見える色彩が決まるため、「真の」明るさなどはありません。従って「真の」明るさを瞬時にして認識する必然性はありません。色彩において「真の」明るさなどの言葉が出てきた時は、そこでの説明が間違っていることの証しです。

⑨視覚システムのきわめて巧妙な働き

「きわめて巧妙な視覚システム」についての解説はありません。きわめて巧妙な視覚システムは確認されていません。存在を主張する人がいるだけです。

「きわめて巧妙な視覚システム」という言葉が出てきた時、そこでの説明は何もなされていないので、そこでの理論は証明されていないのと同じになります。

⑶　色彩の対比　明暗以外

　ここでは明暗以外の色彩に関する対比について記載します。ここでの色彩は、明暗以外の彩度と色相の違いです。対比が彩度と色相の違いで

も生じることを記載します。

①彩度の違い

A

　　透明な平面上に、赤に黒が混色された同じ彩度の円を少し離して描
　きます。二つの円の距離はBの正方形の中心になるようにすると判り
　やすくなります。この二つの円の彩度が比較される対象となります。

B

　　赤と黒の同じ大きさの正方形を左右に隣接して描きます。②の説明
　は左の正方形が赤、右の正方形が黒の場合として記載します。

②彩度の対比現象

　Bの上にAを載せると対比現象が生じ、左側の赤い正方形の上の円は
彩度の低い赤色に見えますが、右側の黒い正方形の上の円は彩度が高く
なった赤色に見えます。背景と比較される対象との差異が強調された結
果です。彩度は背景にある彩度の影響を受け、違いが強調されるので
す。この現象を彩度の対比と言います。

③色相の違い

A

　　透明な平面上に、黄と青の中間色である緑で同じ大きさの円を少し
　離して描きます。二つの円の距離はBの正方形の中心になるようにす
　ると判りやすくなります。この二つの円の色相が比較される対象とな
　ります。

B

　　少し大きめの同じ大きさの正方形を隣接させた左右に左側が青、右
　側が黄として配置します。この二つの正方形が背景になります。

④色相の対比現象

　Bの上にAを載せると色相の対比現象が生じ、左側の青の正方形の上の緑の円は少し黄緑になって見えます。右側の黄色の正方形の上の緑は少し青緑に見えます。背景と比較される対象との色相の差異が強調された結果です。色相も背景にある色相の影響を受け、違いが強調されます。色相の場合はその程度が弱いため、十分に観察することが必要と思われます。この現象を色相の対比と言います。

⑷ 色彩による大きさの違い

　色彩の違いが実際に見える形状の大きさに影響を与えます。同じ大きさの円であっても、明るい白、彩度の高い色彩、進出色である赤などの場合は、丸い形状が大きく見えます。色彩の違いによる大きさの違いは、光の量と波長が関係して、生じていると考えられます。科学的理論によって立証できる一つの事例です。科学的に証明できる現象ですが、反射と屈折によって証明できる現象ではなく、考え方も普及していないため、錯視を生じさせる要因の一つに分類しても良いと考えられます。

①明暗と彩度

　同じ大きさの円であっても、色彩が異なると、大きさが異なって見えます。同じ灰色の上に、同じ大きさの白い円と黒い円がある場合、白い円は黒い円に比べて大きく見えます。

　白い円が大きく見えるのは、白は灰色に比べ光を多く反射するため、円の周辺部の外側にまで影響を与え、白い円全体が大きく見えるようになるから黒い円の場合は逆に、外側の灰色の影響が円の内部にまで及ぶため、小さく見えるようになります。

　彩度の高低においても、彩度の高い部分は、その彩度に応じた範囲が見えますが、彩度の低い場合は、黒が混じっているような状態になり、結果的に暗部分が生じ、無彩色の場合と同様に、彩度の高い部分が大きく見えることになります。

②進出色と後退色

　赤や黄色は進出色と言われ、緑や青は後退色と言われています。同じ大きさの円であっても、進出色の場合は大きく見え、後退色の場合は小さく見えます。

　進出色と後退色は色相の違いで生じています。色相の違いは、光の波長の違いです。

　進出色の波長は長く、後退色の波長は短くなっています。同じ大きさの円であっても、円の外側に与える影響は、波長の長さに関係してその範囲が異なります。波長が長い場合の影響範囲は長くあるいは広くなり、短い場合の影響範囲は短くあるいは狭くなります。影響範囲の外側まで考えれば、進出色の場合は全体が大きく見え、後退色の場合は、進出色ほど大きくは見えません。進出色の場合は大きく見え、後退色の場合は小さく見えています。大きく見えることは近くに見えていることです。それほど大きく見えていないことは、それほど近くには見えていないことです。

⑸ 色彩の表出

　無彩色の画面に有彩色の色彩が現れる現象や、色相の反対色が現れる現象を一言で色彩の表出と表現してみました。同化や混合によって変化することは除外しています。

①自然現象による色彩の表出

　屈折や反射の物理的な法則によって説明可能な現象です。プリズムによる色彩や虹、油膜に見える色彩などが該当します。反射角や屈折率が色彩の波長毎に異なるために生じている物理的現象です。科学的な現象であるため錯視からは除外します。

②色彩の表出　残像

　白紙の上に赤く丸い映像を投影し、急に消すとその後に青い色彩が浮き上がり、急速に消えていきます。白紙の上に赤い円形を置き、急速に取り去っても同様の現象が表れます。残像の典型的現象です。

水面に石を投げ入れた時、石が投げ入れられた水面は下がりますが、その周辺は逆に、瞬時盛り上がったようになり、全体としては波が発生することになります。その波は時間の経過と共に小さくなり、やがて消えていきます。時間的な急変による過剰反応は、物理実験では、ステップ状の電流を流すと、流された側の直後の電流がステップの最大値を上回る現象が観測されます。時間的に急激な変化の後には「過剰反応」が生じます。色彩の場合も、はっきりした色彩が急に消滅すると、その直後に、反対側の現象が生じると考えられます。

　何かが急変した時に、過剰現象が生じることは科学や物理の実験でも確認されています。色彩の場合も同様です。この現象は、比較的弱い現象なので、色相の急変では明確に見られますが、同様の現象は明暗、彩度の違いでも生じています。色相の場合は、反対側の色相として補色が生じることになります。残像は時間の経過に従って消失します。この残像は、脳の働きを受け、視細胞で生じていると考えられます。

「人間の進化の過程で取得した能力」の一つと考えられます。

③フィルター効果

　夕景色のように画像のかなり広い範囲が同一の色彩で覆われた時、同一色彩の反対側の現象が生じていると考えられます。この働きはフィルターの効果を弱め、全体の違いを「はっきり」させる効果があります。画面全体が同一色で覆われることは、個々の違いが判り難くなり、「はっきり」見るための障害になります。「はっきり」させるために特定の色彩を消去するため、反対色相を創出させ、その影響をプラスマイナスゼロにする作用です。「はっきり」させるために障害になっている特定色を削減する作用で、脳の働きによって、実際に視細胞が反応して生じていると考えられます。そうはいっても画面全体の色相を全面的に消去するわけではなく、ある程度の割合で消去するのです。

　基本的要因は不要情報の削除で、脳の基本的働きであると考えられます。

　色彩の錯視の基本要因は、色彩の違いを「はっきり」させるために、目の網膜が、脳からの指示によって働くことです。目の網膜の視細胞の

分布が明視点付近の中央部分で密なことや、光から電気信号への変換時の感度など多くの事項が見え方に影響を及ぼしています。その関係も大部分が「進化の過程で取得した能力」です。

④色収差による色彩の表出　一つの考え方

　非常に狭い幅の白黒の帯状のものが交互に配置されていると、白色は進出色であるため近くに見えます。黒色は後退色であるため、遠くに見えます。このため、白色部分と黒色部分では、目からの実際の距離は同じでも見た目には距離に相違が生じます。見かけ上の距離感の相違によって、軸上色収差が生じている可能性があります。また、少し斜めから見れば、横色収差が生じていることになります。色収差で、マイクロサッカードの色の表出という現象の説明が可能になるかもしれません。その結果、エニグマ錯視で色彩が生じる現象は色収差によって生じているとの考えも生じますが、今後のさらなる検討が必要と思われます。色収差そのものは科学的に説明できる現象です。

⑥　色彩の同化と混合

　色彩同士の間隔などが対比領域よりもさらに狭くなると「色彩の同化・混合」が生じます。隣り合う色彩が相互に影響して、お互いに影響を及ぼしたその中間の色彩に見える現象です。非常に狭い領域で相互の色が干渉し、その中間の色彩1色になる場合は混色と呼ばれます。色彩が隣接する場合、相互に影響を及ぼし合う現象です。

　目の水晶体の光の収束の能力に限界があり、分解能を超える近辺で生じています。視細胞は光が当たった部分だけでなく、その周辺にも影響を及ぼすことの表れと考えられます。交互に並ぶ距離がさらに短くなると混色します。分解能が限界を超えると全体が一つの色彩に見える現象です。

⑦　視細胞の反応時間
①踊るハート（立命館大学　北岡明佳教授作品）

　目の網膜の視細胞で、対象から来た光は電気信号に変換されます。変

換には時間が必要です。強い光が当たっているところは短い時間で反応しますが、光が殆ど当たっていないところでは長めの時間が必要です。光が平面全体に均等に当たっている場合は、個々の小さな部分の反応時間の差は、それほど大きな差異にはなりませんが、光の当たり方が、画面上の配置などの関係で大きく偏った場合には、変換時間の差が有意な差になる場合が生じます。光の量と同様、対象の形状が「はっきり」して明るさが強い場合は、反応時間が短くなり、逆に「ぼんやり」している場合は、反応時間が長くなると考えられます。「はっきり」した背景と「ぼんやり」したハートとの反応時間の差によって、全体をゆっくり動かした時に動きの速さに時間差が生じているのが「踊るハート」です。

②スノーブラインド（第6回錯視コンテストグランプリ作品）
　雪が降っている時に、ブラインドを通して見ていると、雪の量が多く見え、ひっきりなしに降っているように見えますが、ブラインドを開けて見ると実際にはそれほど降っているわけではありません。
　ブラインドの間を落下して見える雪は「はっきり」した白色です。白色は大きく見え、落下しているように動くものは「はっきり」見えます。「はっきり」したものは大きく見えるため、ブラインド間の間隙が広く見え、その中を落下する雪は、本来の間隔よりも広い間隔を同一時間で移動しているように見えることになります。その結果、雪の落下速度が速くなったように見られます。
　明暗等のコントラストが「はっきり」し、動くものが優先して見えることが基本的要因です。白い雪が連続的に動き「はっきり」と大きく見え、暗めに見えるブラインドが狭く見える結果です。ブラインドがあることで、雪が多く降っているように見えます。ブラインドの有無による明暗の違いを利用した、色彩の錯視と考えられます。
　網膜視細胞の反応時間の差によって、生じる現象と考えられます。

⑻ 縁辺対比と同化の実例　フットステップ錯視
　フットステップ錯視は縞模様の背景の中を横長の長方形を等速で動か

すと脈動しているように見える錯視です（実際の図形はネット記事などで確認して下さい）。

　フットステップ錯視およびその変形であるインチワーム錯視は、色彩の対比と同化によって生じているため、要因毎に分類する場合は色彩の錯視と言えます。

　動きが異なることから分類すれば、動きの錯視です。中心部で見るよりも周辺部に見える場合の方が、動きが大きいようだとの観測結果もあります。

　脈動は、長方形が等速で動いている場合に、速い動きと遅い動きが一定間隔で生じることです。定速で移動する横長の長方形が、基本的には同じ速さで動いているのに、一定の状態で急に早く動いたり、逆に急に遅く動いたりすることです。

　この現象は、右側に等速運動する対象と背景の縦縞との間に生じる色彩（この場合は明暗）の「対比」と「同化・混合」によって生じます。脈動は長方形の端部と背景の縞模様の端部が、対比と同化・混合を繰り返すことで生じます。右端と左端で同時に右方向の動きが加速すればフットステップ錯視が生じ、交互に生じればインチワーム錯視が生じます。

⑼　色彩の錯視のまとめ

　色彩の錯視は、基本的に網膜の特性が関与する現象です。色彩の配置に関する違いである対比と、視細胞の反応時間が要因の大きな部分を占めています。ちらつきが静止画像に動きを誘引することも大きな特徴です。静止画像に動きが見られる錯視も、ちらつきによって生じる見かけ上の動きが原因です。

5．脳の働きによる情報の錯視　二者択一と不足情報の補充

　脳の基本的働きと AI（人工頭脳）の基本的働きは同じです。どちらも入手した情報を「はっきり」させることです。基本的働きは入力データから「はっきり」したデータを出力することです。

情報を「はっきり」させるための基本的作業は二つあります。その一つは、不足する情報を推測によって補完して「はっきり」させることです。二つ目は、情報が多すぎる時、不要な情報を削除することです。AIの場合は、プログラムによって行われています。人間の場合は脳が「進化の過程で取得した能力」として、上記の二つの作業を行います。

　脳の基本的働きは、人間が生きるために情報を「はっきり」させることです。「はっきり」させるための具体的手段が、不足情報の補完と過剰情報の削除です。

　このようなことが脳のどこで行われているのか等、現時点では明確に示すことはできません。今後の研究が待たれるところです。しかし、この二つの働きが、私達の活動のあらゆる場面で見られることは疑いようのない事実です。

　過剰な情報は削除し、不足する情報は補完するというのが「進化の過程で取得した能力」です。過剰情報の削除と不足情報の補完はAIの基本的働きと同じです。その結果として情報は「はっきり」とされます。

　平面上の画像を見ると、画像や背景が同じ単一の画像であるにもかかわらず、実際に見ている対象の見え方が二つに分かれてその一方だけが見える現象があります。さらに、平面上の画像を見ると実際に描かれていない画像が見えるような現象があります。

　これらは実際に見ている画像は一定でも、その画像から得られる情報を「はっきり」させるために、二つ以上に見える場合は一方を削除し、不足する場合は補足するという情報の過不足を補う現象と捉え、ここでは情報の錯視と表現しました（情報の錯視というのは新たな造語です）。

(1) 不足情報の補填　カニッツアの三角形

　情報が完全でない場合、不足分を補填して全体が「はっきり」判るようにします。脳の基本的働きの一つで、AIの基本的働きの一つでもあります。錯視例で

図14　カニッツアの三角形

はカニッツアの三角形が該当します。一般的な人間の活動においては、情報量が不足している場合が多いので、「はっきり」させるために多くの推測を伴いながら全体を「はっきり」させます。情報の不足分を補う現象は「進化の過程で入手した能力」です。

⑵ 過剰情報の削除（二者択一）

　ルビンの壺あるいはクレーター錯視のように見方によってどちらか片方が見える現象があります。人間は、二つのことを同時に知覚できないため、どちらか一方を優先して知覚する結果です。知覚されなかった画像は意識には上がりませんが、意識そのものを変えると逆に見えるようになります。

①ルビンの壺

　ルビン壺のように二つの見え方がある場合には、どちらかの過剰な情報を削除することで、「はっきり」見えるようになります。カニッツアの三角形のように不足する情報を補填することと過剰情報を削除することは、表裏一体の作用です。どちらも情報を「はっきり」させるための脳の基本的働きで、人工知能（AI）の基本的働きとまったく同じです。

　私達人間の脳と人工知能の基本的働きは、情報を「はっきり」させることです。脳の場合は直接各器官に指示し行動に表れますが、AI は単に結果を示すだけです。

　ルビンの壺の白い部分に着目して図形を見ると向き合った顔に見えます。黒い部分に着目して図形を見ると、1 個の壺のように見えます。どちらか一方が見えている場合は通常他方の見え方は判りません。

　このように何に着目するかで見え方が変わる図形です。

　人間は同時に同じ対象から二つを知覚

図15　ルビンの壺

できず、どちらか一方だけが知覚できるからです。道の分岐点に差し掛かり、右か左どちらかに行くことはできますが、両方同時に行くことはできません。必ずどちらか一方に行くことになります。「進化の過程で取得した能力」と考えられます。私達は必要な情報を「はっきり」させるために、過剰な情報を削除することの表れです。

②スピニング・ダンサー（シルエット錯視）
　灰色の背景の中を黒で表現されたダンサーが回転している動画です。図形の女性が時計回りに回転しているようにも見えますが、反時計回りに回っているようにも見えます（実際の図形は動画像であるため「ウィキペディア・フリー百科事典」を参照）。
　回転は必ずどちらか一方で、両方の回転が同時に見えることはありません。シルエットのため表情がなくどちらを向いているという情報もありません。シルエットだけでも回転している状況は判ります。時計回りに回転しているか反時計回りに回転しているかは、脳がどちらを優先して「意識」するかにかかっています。どちらか一方を「意識」すれば、反対方向の意識は削除されます。「意識」の持ち方で反対の見え方が生じれば、元の見え方が削除されます。
　ルビンの壺と同様、二つの見え方がある場合は一方が見え、他方が削除される現象で「進化の過程で取得した能力」である二者択一の表れです。

③二軸錯視（「Dual Axis Illusion」YouTube）
　2019年の錯視コンテストで年間対象を受賞した作品です。波打ったような曲線をつなげて作った立体です（詳細はネット記事などを参照して下さい）。太い針金で円環を作り、それを一ひねりして反対側と重ね合わせるようにした立体を、回転させることで生じている見え方の映像です。
　この立体を水平方向に回転させると、その動きが曲がりくねったような躍動感をもって回転し、その回転もどこに着目するかによって、水平回転が垂直回転にも見えるようになります。図形の一部に色紙のゾーン

を設け、その部分の動きを判らないようにすると見え方も変わります。こんなことがあるのかと思えるような現象です。

　一つのカメラから映し、平面化して見ることを活用した動画映像の特徴を最大限に生かした当たり前の現象です。しかし、ちょっとした工夫で縦方向に回転しているように見えるようになることが、錯視と言われる理由です。ちょっとした工夫とは、回転運動を一部阻害するように図形の一部に色紙のゾーンを設けたことです。この色紙を設けることで、水平方向の回転運動を一部阻害して異なって見える縦方向の動きが見えるように誘導しています。曲線は全体としてはどちらも包絡線のように見えるため、上下方向の回転も誘導されます。

　錯視現象としては、水平方向の回転運動が垂直方向の回転運動にも見えることです。

　現象としては錯視の動画像スピンニング・ダンサーとまったく同じ原理で、スピニング・ダンサーが回転方向の違いであることと、二軸錯視が水平方向と垂直方向に見えることの違いです。どちらも、脳はどれか一つの回転方向しか知覚できないことによります。

　見ている形状は何ら変化がありませんが、1種類の回転方向を選択する二者択一の錯視である優先度の錯視です。

　二軸錯視は通常横方向の回転に見えます。この回転方向を意図的に変える方法は、水平方向の回転の途中に障害物を設け、その部分で回転を妨げるようにすると、縦方向の回転が見えるようになります。水平方向の途中に障害物を設けることは、水平方向が一体化して横長であることを妨げ、縦長の方向に意識を誘導することです。

　この画像を縦長に制作し、横方向の回転を与えた画像でも、途中に何も障害物がない場合は、縦方向の回転が見えるようになります。

④色が変わる（東京大学　認知科学研究　福田玄明氏作品）

　2019年の錯視コンテストで2位を受賞した作品です。斜めの直線上に赤と緑の小さな横長の楕円形を交互に表示した直線を一定間隔で複数線配置し、その全部の線を一斉に右方向にゆっくりと移動させます（詳細はネット記事などを参照して下さい）。

赤と緑の小さな楕円形は横長に配置されているため、赤と緑の直線は、赤と緑がそのまま「はっきり」と見えます。次に右側に動いている直線が下から上に動くように視線を誘導します。理髪店の看板である赤と白と青の回転を思い出してください。看板は回転（面的に考えると水平方向に移動）しているだけなのに、赤と白と青の線が上に上がっていくように見えます。これと同じように、横長の場合は横方向に移動するように見えますが、この形状を縦長にするか、横方向の動きを途中で遮断するような障害を設ければ、線の動きは下から上（あるいは逆方向）に移動するように見せることができます。

（画像の制作者は、途中に障害物を入れることで、視線の違いを演出しています）

　もっと簡単な方法は理髪店の看板のように縦長にして見ることです。左右の幅を狭めて縦長にすれば、看板と同じように図形は上か下に動いて見えるようになります。上下方向の動きに見えれば、色彩の短時間変化のため混色し、その中間の色（この場合は補色であるため灰色）になります。

　この錯視のポイントは、直線の動きの方向を左右から上下に変えて見せることです。左右と上下の移動を私達は同時には認知できません。1種類の移動方向を選択する二者択一の錯視である優先度の錯視です。微小領域での短時間での変化が混色をもたらすことも利用しています。

　縦方向を選択するか横方向を選択するかは、画像全体が縦長であるか横長であるかによって異なります。縦長の場合は縦方向の変化が強調され、横方向の変化は見えないか見え難くなります。画像全体が横長でも、途中に障害物を設ければ、着目している部分が縦長に見えるようになります。

⑤夕景色

　広い空間がフィルターのように同一の色彩で覆われた場合、全体における細部の違いを「はっきり」させるために、その色彩の反対側の色彩が少し表出され、同一色彩の影響を軽減していると考えられます。この場合は同一色彩が全体を覆っているため、もともとの色彩の違いなどを

「はっきり」させるため、反対色相の表出によって、フィルター効果を減少させていると考えられます。

　対象に生じている違いを「はっきり」させるためには、覆っているフィルターの効果を減少させることが有効です。フィルター効果を減少させる方法が、反対色相の創出ということになります。夕景色など多くの場面で生じる現象です。広い範囲が同一色である場合、補色が表出します。

⑶ 過剰情報の削除（極度の意識集中　トロクスラー効果）

　小さな対象に意識を集中して見ていると、その部分は「はっきり」と見えますが、周辺部分は「ぼんやり」と見えます。小さな対象に極度に意識を集中すると、極端な場合は、周辺部分が見えなくなる場合があります。小さな場所に意識を極度に集中すると、極端な場合は周辺部分が見えなくなる現象は、マイクロサッカードの実験でも確かめられています。この反応はあまり大きくはないので、少ない違いで見やすい色相の違いで表現すると錯視量が多くなり判りやすくなります。トロクスラー効果がその実例です。強度に意識を集中することで、周辺部分の「ぼんやり」した対象が薄らぎ、極端な場合は見えなくなる現象です。極端に意識を集中する場合には、意識を集中した対象以外は見えない方が意識を集中できます。

　意識の過度の集中で他のことが判り難くなることは、視覚に限らず、私達が一般的に経験する現象で「進化の過程で取得した能力」と考えられます。

⑷ 脳の基本的働き

　脳の基本的働きは、目から入る視覚情報を「はっきり」させることです。情報を「はっきり」させるために行っている実施行為が、不足する情報を補完して、全体像を「はっきり」させることと、過剰な情報を削除して単純化し、全体像を「はっきり」させることです。

　錯視現象を調べることで、過剰情報の削除がどのようにして行われているか確認することができます。

6．動きの錯視

　見ている対象が動いて見える錯視には、静止画像が動いているように見える現象と、実際の動きが物理科学的に考えられる動きとは異なって見える現象の２種類があります。ここでも、静止画像が動いているように見える錯視と、実際の動きが異なっているように見える錯視に分けて記載します。

⑴ 静止画像の動き
①静止画像の動き　➡　ちらつき
　同化や混合は、対比とは正反対の現象です。静止画像の「ちらつき」は、狭い同一の範囲でちょっとした目線の動きなどで、見ている対象が「対比」領域にある場合と、同化領域にある場合が交互に繰り返されることで、生じると推察されます。
　ある領域に、一つ一つの範囲が非常に狭く、明度や色彩、距離など交互に変わる現象が発生する領域が多数存在すると、その領域では「ちらつき」が生じます。
　さざ波が当たっている水面を遠くから眺めると、光の当たり方にもよりますが、水面がきらきらと「ちらつき」輝いて見えます。個々の水面を見ると小さな波面があり、直射日光がその波面に反射し、遠くから見ると明るいところと暗いところができ、断続的に光を反射していることで生じている現象です。
　平面画像でも、明暗などが急変する小さな領域が多数断続的に存在する場合には、明暗の違いと、明暗の違いによって生じる極微小な距離感の違いが生じます。さらに、対比領域と同化領域が、交互に入れ替わるなどの変化要因が重なり、「ちらつき」が見られるようになります。
「ちらつき」が生じると、見ている対象が揺れ動くように「意識」が誘導されます。
　一つの領域で、対比と同化が混在するなど大きな変化がある小さな領域が多数存在すると、そこに「ちらつき」が生じます。
　２種類の色彩が狭い範囲に交互に存在する場合、基本となる微小な

パーツが、明視点とその近辺が目の微小な動きなどで変化する時、一つの境界を挟んで同化と対比現象が交互に生じる場合があります。同化と対比が狭い空間で混在すると、「はっきり」した微小部分と「ぼんやり」した反対の現象が混在することになり、そこに「ちらつき」が生じます。「はっきり」と「ぼんやり」が混在する場所は、一つの面上であって視覚的には遠近が生じていることになります。遠近が混在すると距離感の違いが視線の動きを誘導して「ちらつき」を生じます。

②ちらつきが動きや方向性を誘導

　画像構成要素の最少単位であるセルが、暗 ― 中間 ― 明など３段階の変化が規則的に並んでいる場合、暗 ― 中間 ― 明に向かって視線の動きが誘導されます。一つでは判り難くても同じような多くの状況があると視線が誘導されます。セルに矢印のように無意識のうちに方向性が暗示される形状によっても動きは誘導されます。ここでは３段階としましたが、４段階でも同じような現象が生じます。

　セル単位に方向性が生じ無意識のうちに意識が誘導される現象が生じることが、静止画像に動きが生じる基本原理です。明暗だけでなく、形状の配置や色彩においても、順次変わる小さな要素の構成が同じような方向性を持って多数存在すれば動きが誘導されます。ちらつきに方向性があると動きが誘導されます。

　ちらつきまでいかなくとも、その傾向があると方向性を持った動きが誘導されます。静止画像が動いているように見える錯視は、この原理が作用したものと考えられます。

③静止画像に動きが見られる錯視

　静止画像にもかかわらず動きが見られる現象は、画像構成要素の最小単位であるセルが、３段階の変化によって成り立っていることです。３段階が４段階でも良いのですが、このようなセルが多数並んでいると、方向性が生じ、動きが見られるようになります。実際にセルが動いているわけではないので、視線が誘導され、動いているように意識されるだけです。

動きが一方向だけであると、その先で画像が停止したようになるので、円形の図を作成して、行き先が元に戻るようにすると、移動先が無限に続く判りやすい錯視図が作成できます。静止図形に動きのある錯視の多くはこの原理が活用されています。

　私達の目は、小さな1点に意識を集中して見るとその部分を拡大させて見るようになり、本質的な違いを「はっきり」させます。静止画像に動きがある錯視図も、1点に意識を集中した場合は、その部分は、本来のあるがままに見えることが多くなります。そのため、静止画像に動きがある錯視像は、円形の錯視像を複数個作成すると、注視した画像以外の画像で動きが見られることが多くなります。

　静止画像に動きが見られる錯視は、小さなセルをどのような配色と配置にするかで決まるため、その画像は無限に作れます。またその画像は円形となるものが多くなります。

⑵ 実際の動きが異なって見える現象

　実際の動きと目で見ている動きが異なって見える現象は、実景の中で数多く観測されます。実景での動きは立体的なものですが、同じ現象が映像でも生じている場合は、実際のものが立体であっても、平面で起きる現象と同じと考えることができます。

　錯視図としては、滝の錯視が知られています。滝の錯視は、滝の水の流れを暫くじっと見た後に、周辺部に視線を移すと、動いているはずの無い周辺部が瞬時、上に上がっていくように見える現象です。滝が非常に小さい場合にはこの現象は生じません。

　電車の座席に腰掛け外を眺めている時に、隣に停車した列車が動き出すと、一瞬自分が乗った車両が動いているように感じる時があります。自動車に乗ったまま洗車機で車を洗車すると、車の外側を洗車機が移動します。洗車機が動いているにもかかわらず、自分の車が動いたように感じる時があります。

　理髪店の看板（サインポール）は、実際には回転運動であり、移動方向は水平方向であるにもかかわらず、赤、青、白でできた斜線は、上に上がっていくように見えます。

　これらは全て実際の動きと目に見える動きが異なって見える現象です。滝の錯視、電車、洗車機での動きは、時間の経過とともに自然になくなりますが、サインポールは変わることなく継続します。

　これらの錯視現象に共通することは、相対的な動きがある時の、背景の視野角としての大きさです。視野角が大きい方が停止して見え、小さい方が動いて見えます。静止画像の中に二つの異なる動きがある場合には、大きな動きが見え、小さな動きは意識されなくなります。私達は同時に二つの異なる動きを知覚することは困難です。「進化の過程で取得した能力」である過剰情報を削除する結果です。

①相対的動き　滝の錯視

　滝の錯視、電車の座席、洗車機に共通する現象は、視界の非常に広い範囲に亘って動きが生じていることです。非常に広い範囲が動いている場合には、実際にどこが動いているかに関係なく、非常に広い範囲が停止し、本来停止しているはずの比較的小さな部分が動いているように見えると考えられます。相対的な動きは、広い範囲が停止しているように見え、実際には静止していても、広い範囲に対し相対的に動いているが実際には静止している狭い範囲が相対的に動いて見えるのです。

　滝の錯視の説明では、滝が大きく見えていることを条件に加えることが重要です。

②動きの方向の相違　サインポール

　理髪店の看板（サインポール）の赤、青、白の表示は回転運動をしています。そのため、水平方向から見ると横に動いていることになります。しかし、赤、青、白の表示は上に動いていくように見えます。実際の動きと実際に見える動きが異なって見える現象の錯視です。

　横幅が長く縦が短い枠（縦横比が1対4以上が望ましい）を準備し、その枠を通してサインポールを見ます。サインポール以外が見えないくらいの距離から見ることがコツです。枠を通してサインポールを見ると、サインポールの赤、青、白の表示は水平に動いているのが観測できます。この観測結果から、サインポールを見る時の縦横の比が、実際に

見える動きの方向に影響を与えていることが判ります。

　一般的には、等速運動をしている対象は、実際の動きとは関係がなく、縦横比の長さの大きい方向の変化が判るように動いているように見えます。

③静止画像を動かした場合の動きの違い　踊るハート
　平面上に描かれた画像は、描かれている画像全体を動かすと、その上に表現された形は物理的には、同じ速度で動きます。しかし、踊るハートを描いた図形をゆっくりと動かすと、白色の方形などで描かれた周辺部の移動は、画面の動きと同じに動きますが、内に描かれたハートは少し遅れてゆっくりとした動きになります。
「はっきり」した明るい部分は、紙面と同時に動きますが、ハート部分はぼんやりとしているために、「はっきり」と見るためには少し長めの時間が必要になります。
　画像処理に要する時間差によって生じている現象と考えられます。中に描かれているハートを背景の紙面と同様に「はっきり」した形状と色彩にすれば、移動速度の差異はなくなります。網膜における光信号から電気信号への変換時間に差があることで生じます。背景と対象の差異によって、反応時間に差が生じることで起こる錯視です。
　目の網膜の反応時間の差で説明ができる現象です。

　動きの錯視は前記の形状の錯視における「ちらつき」、色彩の錯視における「反応時間の差」、情報の錯視における「知覚の範囲」などが複合して生じている結果などの影響と考えられます。

７．複合現象

⑴ オオウチ錯視
　オオウチ錯視は周辺部が水平に長い白と黒の２種類の長方形で構成され、中心部の円形は縦長の白と黒の長方形で構成されています。境界部では見ている中心部と周辺部の境界で、急に変わるため、ちらつきが生

図16　オオウチ錯視

じています。オオウチ錯視を見た多くの人は、このちらつきに目を奪われ、中心部が浮き上がって見えることに意識が向かないかもしれません。オオウチ錯視の基本現象は、中心部が浮き上がったように見える現象です。

　境界部では見えている図形までの距離の見え方に差が生じるためちらついたようにも見え、その影響で少し動いているようにも見えます。中心部の「浮き上がり」と中心円の周辺と外側との境界部での「ちらつき」、この二つの現象によって中心部の円形部分が揺らいだように「ちらつき」が見えます。

①オオウチ錯視の構造的特徴
　オオウチ錯視の構造は、白と黒のモザイク状の長方形が横長にあり、中心部を円形に切り取り、90度回転させて、切り取った円形の上に置いた図形です。
　この配置による図形の特徴は次のようになります。
　オオウチ錯視の特徴は、長方形の向きが縦長か横長かという違いと、

切り抜いた円形の図形が真ん中にあり、切り抜かれた図形が周辺にあることです。オオウチ錯視を構成するこの違いによって、中心部にある中の円形が盛り上がって近くにあるように見えます。ちらついて動いているように見えるのは、中心部が近くに見え、周辺部が遠くに見える結果、円の周辺部という非常に狭い範囲で距離感の差が生じるからです。円形の周辺部で急激な変化があるため、その部分で「ちらつき」による浮遊感が誘導され、どこかが動いているように意識させられる結果です。

②左右両眼あることで異なる見え方

　目が2眼あることや左右に配置されていることが見ることに影響を及ぼします。左右両眼あることで異なる見え方は、上下が狭く左右が広く見えることです。広い範囲では違いを「はっきり」させようとの意識が働きます。左右の目で異なる見え方は、非常にわずかですが横方向が「はっきり」します。その結果縦長の長方形が「はっきり」見えるようになります。

　人間は進化の過程で上下方向の見方と、左右方向の見方では、両眼が左右についていることもあり、対象を「はっきり」させて見ようとした場合、微妙に異なる見方をしています。配置が異なると見え方が異なる現象が生じるのは、科学的に考えても適切な考え方でしょう。人間は目から入る情報を「はっきり」させるため、進化の過程で全体的に広い横方向の違いを「はっきり」させる必要性から、横方向の違いを「はっきり」させ、縦方向は多少大雑把に知覚するようになったと思われます。意図的に見える範囲を縦方向に長くすると、上下方向の変化を「はっきり」と知覚します。

　この違いは非常にわずかであるため、通常の視覚ではまったく問題になる量ではありません。進化の過程で取得した能力は、生き残るために有利な能力です。縦方向は空があり、途中に木々などがあり、足元には大地があります。基本的に単純な変化の構成です。そのために大雑把に判れば十分です。横方向は、木々をはじめとして同じものの多数の存在を含めて多くの変化があり、敵性動物が潜んでいるかもしれません。そ

のため違いが詳細に判った方が、生き残るためには有利です。また、獲物や危険動物などの移動による横への変化もあります。これらを総合的に見ると、私達人間にとって有利な選択は（横方向の視野を広くすることと）横方向を「はっきり」と判るようにすることです。実際の現象では縦横の比率が大きく異なる時、長い方の変化が「はっきり」判るようになります。「進化の過程で取得した能力」と言えます。

　片目を交互に瞑った場合、見ている対象がどのように違っているかを考えると、右目で見た場合と左目で見た場合とでは、見ている位置が両眼の距離の分だけ離れるため、横方向の形状の変化は離れた分だけ大きくなります。一方、縦方向は両眼とも上下同じ位置にあるため、縦方向の形状の変化は小さくなります。

　そのため、縦と横の長さが異なる小さな長方形などを見た場合には、縦方向が長い場合にその長方形の左右が鮮明に見え、長い範囲が鮮明に見えるため、縦方向に長い長方形自体が鮮明に見えることになります。長方形が横方向に長い場合は、縦方向に長い長方形を見る時よりも少しぼやけて見えます。

　多数の長方形で構成された全体で対象を見ている場合、縦長の長方形は鮮明に見え、横長の長方形はほんの少しぼやけて見えるようになります。

　左右の目で対象を見た場合、右目で見た形と左目で見た形は、視差の影響でほんの少しですが異なります。その異なり方は、上下方向は同じ高さから見ているため、左右ほど大きな変化はありません。

　これらを考慮した場合、私達が対象を見た場合、上下左右を同じような精度で見る場合には、横方向は縦方向よりも分解能が高く「はっきり」させる必要が生じます。

　私達人間の目が左右両眼あることで、距離が判り立体視ができます。さらにほんの少しですが、上下よりも左右の方が「はっきり」として見えます。

③どちらが長いか？

　左右両眼あることで異なる見え方を一般化すると、両眼あることで異

なるのは、視野としての範囲です。両眼が水平方向に2眼あることで、水平方向の視野は上下方向の視野に比較すると長くなります。私達人間の目は視野の広い方の違いを「はっきり」鮮明にする特質があります。そのほうが大きな違いが「はっきり」し、生存に有利に働くからです。通常縦よりも横、視野としては広い範囲の変化を「はっきり」させることが優先されます。これは「進化の過程で取得した能力」と言えます。

　一般的には、縦に比べて横の違いが「はっきり」となりますが、縦横の見える範囲を逆にさせると「はっきり」見える縦横の違いは逆になります。サインポールや窓枠効果で観測される現象です。

④「はっきり」見えることで

　オオウチ錯視の円形部分は図形の中心部分にあります。中心部分の視細胞は密集しています。そのため網膜の中心部分で見ると図形は「はっきり」見えます。「はっきり」見えることで大きく見え、大きく見えることで近くに見えるように意識が誘導されます。同一平面上で中心部が大きく見え、近くに見えると、中心部は浮き上がったように見えることになります。

⑤画像の最適化

　円形の中心部は、中心部にあることで「はっきり」と見え、縦長であることでさらに「はっきり」見える要素が追加されます。「はっきり」と鮮明に見えた場合は、その形状が近くにあるように感じます。近くにあることで画面が浮き上がったように見えます。中心部は二重の意味で鮮明に見えています。中心部の円の外側は、長方形が横長であることと周辺部にあることから、二重の意味で少しぼやけ気味に見えます。

　オオウチ錯視の全体を90度回転させると、浮き上がった現象が減少し消えたように見えます。中心部にあることで近くに見える現象と横長の長方形の配置が相殺するために、90度回転させた図形の中心部が奥に行ったようにはほとんど見えません。境界部分では距離感が突然変わるためその部分がちらついているように見えます。境界部の白と黒の形状が、長方形よりも小さくランダムに配置されたため、ちらつきが生じ

ます。距離感の急激な変化と明暗のランダムな小図形がちらつきを生じ
させているのです。一つの現象だけでは、あまり目立たなくとも二つの
現象が重なるとその違いは鮮明になります。

⑥錯視現象

　中心の円部分が鮮明に浮き上がっているように見えることで、中心部
と周辺部では目から画面までの距離が異なったように見ていることにな
ります。距離が異なることで、周辺と中心部の円では画面までの距離が
異なって見えるため動きに差異が生じ、中心部の円が背景に対して揺れ
動いているように感じられます。

　揺れ動くように見える現象は、小さな複数のセルがあり、明暗などが
大きく異なる形状が多数存在する場合に共通する現象です。

　その基本原因は、小さなセルが混在する場合、大きく見える場合は距
離が近いように見え、小さく見える場合は遠くに見えていることの違い
で生じる現象です。

　なお、図形全体を90度回転させると浮き上がりなどは少なくなりま
す。

　オオウチ錯視は「縦線と横線では、縦線が強調され『はっきり』見え
る」実例です。

⑵ フレーザー錯視

　白、灰色、黒の明暗を使い同心円状に配置し、内側に視線が誘導され
るように作られた形状です。円環上にちらつきが生じているように誘導
される図形です。幾何学的錯視ですが、視線の動きが誘導されることで
生じた錯視です。小さな図形は遠くに見えることも利用され、中心部が
奥に凹んでいくようにも見えます。視線が誘導される現象を巧みに利用
した錯視と言えます。

①視線の誘導

　多数のセルを使って視線の動きが誘導される錯視です。暗い色、灰
色、明るい色の順のように弱・中・強を1セットとした小さなセルを多

数規則的に配置することで、視線が小さく動き、方向性に動きが出てきたように意識を誘導することができます。視線の動きは顔の動きや眼球の動き、マイクロサッカード等で生じます。小さな動きは眼球の動きと考えられます。セル一つでは判り難くても、多数規則的に配置することで動きなどが「はっきり」と判るようになります。

②視線の動きと見え方

　視線の動きで何かが変わって見えるように「意識」されるということを逆に考えると、視線の動きが無ければ判らないということです。どこか1カ所に「意識」を集中させた場合には、集中された場所では、視線の動きが無いので、本来の状態である「はっきり」とした画像が見えることになります。視線の動きを活用した錯視図を作成する場合は、同じ図形を複数個並置し、そのどれかに「意識」が集中した場合に、意識が集中した図形以外の図形で動きなどが判るようになります。「意識」を集中した図では本来の状態が「はっきり」と判りますが、その他の場所で、何かが異なっているように見える現象が生じます。

図17　フレーザー錯視

③回転の向き

　フレーザー錯視の円形は、内側に向かって時計回りに回転しているように見えます。

　回転に関わる図形上の違いは、縄がよられたように見える黒と白を合わせた円環状になった図形です。この図形があることで、円環上に方向性が生じます。円環の白と黒の閉じている方向を変えると、時計回りで内に向かっていた渦が、反時計回りの渦に見えるようになります。

8. 錯視に関する考え方

　錯視は平面上で生じています。全ての錯視現象が平面上で生じることは、錯視現象に遠近に関する考え方は必要がないことを表しています。

　錯視は背景の違いで生じています。全ての錯視が背景の違いで生じていることから、背景の違いが何であるかを検討することで、そこに生じている違いを特定できます。

　背景の違いが形状の時は形状の違い、色彩の違いの時は色彩の違い、動きの違いでは動きの違いが生じるのです。背景の違いと錯視現象の違いには明確な関係があることになります。錯視の要因を考察する時の重要な手掛かりとなります。

　錯視の対象は物理科学的には同じなので、目や脳の作用が重要です。比較する二つの対象は全て物理科学的には同じです。人間の目や脳の働きが関わって違いが生じる現象です。

(1) 錯視は正常な視覚　今井省吾氏

　錯視を長年研究した今井省吾氏は次のように述べています。
「錯視は、刺激を注意深く観察しても、またそれを熟知するひとが観察しても明確に生じる。日常生活において、分量が小さくても、錯視と同様にずれや歪みを生じている場合が多いが、そのずれや歪みが顕著に生じる場合を錯視と言う。錯視はなんら特殊な異常な現象ではなく、正常な知覚である。錯視の研究は、知覚全般を支配する一般原理をさぐるための有効な手段と考えられている。」

この発言を次のように解釈しました。
「錯視は誰が見ても同じように生じる。日常生活においても、錯視と同様にずれや歪みを生じているが、そのずれや歪みが顕著な場合が錯視である。錯視は異常な現象ではなく正常な視覚である。」この言葉をさらに要約すると次のようになります。
　錯視は正常な視覚で、誰にでも普通に見られるずれや歪みが顕著に現れた場合である。

⑵ 錯視に関する著者の考え方

　日常私達が見ている対象は、背景が異なると全て異なって見えます。背景が異なれば、見ている対象が異なって見えるのは当たり前ですが、ズレや歪みが物理的法則で説明できない理由（目や脳の働き）で顕著に現れ「はっきり」判る場合が錯視と呼ばれる現象です。
　錯視は特殊な、あるいは異常な現象ではなく、誰にでも現れる当たり前の現象です。当たり前ということは、目や脳が正常に働いている場合に、誰にでも等しく起こる現象だということです。その現象は、物理科学的には何も異なっていないのに「意識」が異なっているように知覚してしまうことです。
　このような考え方を基本的な考え方として、錯視を定義すると次のようになります。錯視は、対象の「何かが異なって見えるように『意識』される現象」です。
　通常私達が見ている対象が、周辺状況（背景）の違いで、何かが異なって見えるように「意識」した時、その現象が「錯視」となります。「錯視は何故起こるのか？」と問われれば、見ることで生じるというのが正解です。多少何かが異なっていても、何が異なっているかもわからない場合や、その理由が科学的な理論で説明できる現象などは錯視とは言いません。背景の違いによってどこが異なって見えるか「はっきり」判る場合が錯視で、判らない場合は錯視とは言いません。
　著者の考え方は基本的に今井省吾氏の考え方と同じです。

⑶ 錯視に関する考え方　ネット記事から

　錯視研究者の錯視に関する考え方をネット記事から抜粋しました。錯視の定義とも思える考え方です。

「錯視は、対象の真の性質とは異なる知覚あるいは認知です。」

　対象の真の性質を、特定の条件の時の物理的な性質と考えれば、この通りと考えられます。しかし、心理学などで一般的に使われる真の性質の意味が、対象を見る時の周辺条件が変わっても、変わりがない状態を表す恒常性という考え方があるため、恒常性を意味しているのであれば、この表現は間違っていると考えます。

　対象の見え方に関する真の性質などは存在しないからです。対象を見る時の条件で、距離が変われば大きさが変わり、角度が変われば形が変わり、照明が変われば色彩が変わることは物理的考え方からも当たり前の現象です。これらと同様周辺の条件が変われば、見え方は変わります。対象の真の性質は意味不明の言葉です。仮に真の性質と言う場合には、その意味を明確に定義して使う必要があります。

⑷ 錯視は何故起こるのか？

　対象を見る時背景が異なれば見ている対象も全て異なって見えますが、背景の小さすぎる違いでは、何が異なっているかわからない場合が大部分です。背景が大きく変わる境界線付近で見えていることも大きく変わるのが一般的です。そのため、錯視は、背景が大きく変わるその前後左右で生じていると考えることができます。

　錯視は実際に背景の違いによって形状や色彩、動きが、物理的現象とは異なって見える現象です。そのため、科学的な法則だけでは説明できない現象です。脳の働きである「意識」によって、何かが異なっているように見える現象が錯視です。

　錯視は、形状や色彩、動きが背景の違いによって物理的現象とは異なって見える現象で、その違いは、目や脳が備えている基本的能力と人類が進化の過程で取得した能力の相乗効果で生じていると考えられます。「錯視は何故起こるのか？」が本書の表題です。本書の表題そのものが逆の考え方から構成されています。錯視は起こる現象ではありません。

私達が対象を見ている時、背景が異なれば全て異なって見えます。本来同じに見えなければならないと思われている対象の見え方が、最初に意識した以上に大きな違いとなって見えている現象を錯視と言っているだけです。違いが判らない人には錯視は起こらないのです。

　違いが判ったうえで、その現象が物理科学的には同じに見えているが、意識としては異なって見える場合が錯視です。見えている対象がありのままに見えているが、何かが異なっているように意識が誘導されるのが、トリックアートや平面化の錯視です。

　錯視は通常私達が見ている現象のなかで、何かが異なっていると「意識」した時に、その現象を「錯視」と言っているだけです。従って「錯視は何故起こるのか？」と問われれば、見ることで生じるというのが正解と考えられます。また具体的には何が要因かという問いには、「はっきり」させるために生じている現象と言えそうです。

「はっきり」させるための具体的方法は、小さな違いを「強調」することです。小さな違いを「強調」するために、形状の錯視では小さな部分を拡大し、色彩の錯視では同じ色彩を一律に削除し、隣り合う色彩は相互にその差を広げる、などが行われています。さらに意識を集中した部分以外の周辺部は見え難い状態にするなどが行われています。

「錯視とは何か？」と問われれば、見ている対象が背景の違いによって予測した以上に大きな変動として現れた現象と言えます。

⑸　誘導

　錯視に言及する時に最も重要な要素の一つが「誘導」です。誘導とは誘い導くことです。人やものを、ある地点・状態に導いてゆくことを表しています。見ることに関して使う場合は、人の目で見る知覚をある状態に導いていくことを表します。

　錯視は、対象を見た時にその対象が背景の違いによって、何かが違って見えるように導かれた結果と言うことができます。背景の違いによって何かが導かれ、その結果何かが異なって見える現象が錯視というわけです。

　前後左右の背景によって生じる誘導は、意識にも強い影響を及ぼします。

9．錯視の具体的要因

　錯視は物理的状態が同じでも、目で見た視覚としての状態が異なって見える現象です。そのため、物理的法則を基準に考えても、その現象の解明はできません。人間の目と脳の働きによって、背景が異なる場合、誰もが同じように異なって見える現象が錯視だからです。

(1) 目と脳の基本的働き

　私達人類は、情報を「はっきり」させるための機能と、「はっきり」させた情報に基づく行動で命を繋いできました。人類の進化の歴史は、情報を「はっきり」させるための機能の進化と、その情報を適切に実行するための身体各部の機能の発達です。現在の人類は情報の80％以上を見るという行動から得ていると言われています。

　情報を「はっきり」させるために、進化により目や脳の機能が発達しました。目や脳の機能の発達は、器官としての発達、いわばハードとしての発達はこれまでにも数多く研究されその多くが判っています。しかし、ソフト面での発達はこれまで不十分ではなかったかと思われます（人工頭脳の働きも、ハードとしての演算機器の働きとソフトとしてのプログラムの働きがあって、その機能が発揮されます）。

　見ることに関するハード面の働きは、目や脳の機能として知られている働きです。水晶体は光を収束して網膜に画像を結び、網膜に結ばれた画像は、電気信号に変換され、脳の機能で知覚されます。

　見ることに関するソフト面の働きは、目や脳が具体的にどのように反応するようにプログラムされているかです。プログラムは実際の計算結果がどのようになるかを決定する重要なシステムです。

　見ることに関するソフト面の働きは、目や脳の働きとして、進化の過程で取得した能力が大いに影響すると考えられます。進化の過程で取得した能力は、目や脳の機能とも関連しながら、詳細を「はっきり」させる時に大きな影響を与えます。

　進化の過程で取得した能力は、人工頭脳で言えば、基本的なプログラムです。基本的な計算回路にプログラムが存在して初めて、具体的な計

算や判断ができるのです。

「はっきり」させるために、情報を取捨するのは脳の基本的働きです。

　見ることに関する目と脳の基本的働きは、対象からの光信号を目の水晶体で収束し、網膜に画像を結び、網膜はその画像の場所に応じて光信号を電気信号に変換し、脳はその電気信号の場所に応じた画像を知覚することです。

　基本は上記の通りですが、実際の視覚は目や脳の働きに応じて様々な変化が生じます。見方や見え方に影響を与える事項を目や脳の配置や機能から考えます。目や脳の機能と「進化の過程で取得した能力」を列記し、それが目や脳のどの機能と関係しているかを記載します。関連性についてはまだまだ不十分かもしれませんので、一つの見方や考え方と思って下さい。

⑵ 形状の錯視

　小さな対象の近くに何かが存在すると、違いを「はっきり」させるために、その部分が拡大されます。細部を拡大することで「はっきり」見えます。水晶体の焦点を合わせる能力と網膜の視細胞が中心部に多く分布していることなどが要因と考えられます。

⑶ 色彩の錯視

①縁辺対比

　細部では隣り合う色彩が相互に強調される縁辺対比は、網膜で生じていると考えられます。ハートラインの実験でも、直接光が当たった所以外にも影響が及ぶことが確認されています（縁辺対比は補足資料－1で説明します）。

②対比

　微細領域では隣り合う色彩は、相互に影響し、同化や混合を生じます。分解能が限界を超えると生じる現象と考えられます。微細領域では隣り合う色彩は同化して中間の色彩に見え、さらに隣と混合します。分解能の影響で、水晶体と網膜の働きです（対比は補足資料－2で説明し

ます）。

③ちらつき

　狭い範囲で、縁辺対比と同化が交互に繰り返されると「ちらつき」が生じます。

　水晶体は距離によってその焦点距離を変えることで「はっきり」見るように調節します。細部で急に変わると調整が追い付かなくなり「ちらつき」が生じると考えられます。細部調整時には、眼球の動きなども伴い、マイクロサッカードを生じさせる要因とも考えられます。水晶体と網膜、眼球の動きが「ちらつき」の要因といえるかもしれません。

④ちらつきに方向性があると動きが誘導される

　ちらつきに方向性があると、無意識のうちに視線が誘導され、その結果方向性が生じます。水晶体と網膜、眼球の動きが要因と考える人もいます。

⑤変換には時間差が生じる

　網膜において光から電気信号に変換されます。物理法則でも変換には時間差を伴うことが一般的現象です。時間差があることで動きの見え方が変わります。

⑥色彩の急激な消去によって補色が生じる

　何かが急変すると過剰現象が生じるのが一般的法則です。色相の場合はそれが補色です。目の網膜において光信号から電気信号に変換する時に生じると考えられます。

⑦広い領域が同一色に被われると、被われていないところに補色が生じる

　補色を生じることで、各部分の違いが「はっきり」します。現象として非常に小さな現象です。目の網膜において光信号から電気信号に変換する時に生じると考えられます。

⑷ 情報の補完と選択

①不足する情報は補完される

　脳や AI の基本的働きは、情報を「はっきり」させることです。「はっきり」させるためには、不足する情報を推測によって補完することが重要です。「進化の過程で取得した能力」と情報などを加えながら補完されます。

②過剰な情報は削除される

　脳や AI の基本的働きは、情報を「はっきり」させることです。「はっきり」させるためには、過剰情報を削除することです。過剰情報の削除は人間が同時に二つのことを実施できないことと同じです。

　☆二つの動きは片方が優先されて見える。
　　過剰情報の削除と同義です。人間は同時に二つのことは実施できません。過剰な情報は必ず一方が削除されます。
　☆視野の広い方が「はっきり」現れる。
　　通常、縦線と横線では、縦線が強調され「はっきり」見えます。目が左右に付いているため上下よりも左右の視界が広いことで、視界の広い方が「はっきり」します。視界の広さを変えると一般的に広い方が「はっきり」します。脳の二者択一、優先度の表れです。
　☆広い範囲が同一色である場合、補色が表出する。
　　同一色で覆われた状態で「はっきり」させるためには、同一色という過剰情報を削除することです。補色を創出することで同一色の影響を軽減できます。
　☆極度に意識を集中すると他が見えなくなる。
　　極度に意識を集中すると、意識を集中した部分以外が見え難くなり、極端な場合は意識を集中したところから離れた場所が見えなくなります。過剰情報の削除を極端にした結果です。

　錯視は平面上に描かれた対象を「はっきり」させて見ようとした時に「背景の違いによって何かが異なって見えるように『意識』される現象が錯視」であると記載しました。

　境界では背景の違いが大きくなるため、見え方の違いが大きくなります。違いは、目や脳の働きと「進化の過程で取得した能力」が基本的要因であると考えられます。その結果、実際に見えている現象が異なって見えていることが錯視の基本です。厳密な意味での狭義の錯視と言えます。

　第3章では、光学機器の影響や、トリックアート、平面化の錯視について記載します。

　実際に見えている対象は「あるがままに見えている」のに、何かが異なって見えるように意識させられる現象です。

１．映像の錯視

　ここで意味する映像とは、光学機器などで写された画像や、パソコンなどを使って作成されテレビやパソコンなどの画面に映されている映像であり、紙面に描かれた画像や実景で見られる景観や対象とは異なる画像です。ビデオで作成された画像など多くの錯視画像があります。ここで意味する光学機器とは、人工のもので対象の見え方を変える機器、例えば望遠鏡、顕微鏡、眼鏡、カメラ、テレビやスマホなど、全ての画像を作り出す機器の総称としての意味です。また受像側の画面を指します。錯視は見え方の違いであるため、ここでは光学機器を通して見た場合の見え方の違いを考察します。

　光学機器を通して見た映像と人間の視覚とでは、見え方には幾つかの違いがあります。一般的に、人間の目では見えないあるいは非常に小さな現象であり、実質的見えないが、光学機器では「はっきり」判る違いが生じます。主にこの違いで生じる現象をここでは「映像の錯視」と言

うことにしました。映像において、人間の目では「はっきり」判らないことも光学機器ではその現象の違いが「はっきり」表れる場合です。映像だから生じる見え方と言えます。映像だからその違いが「はっきり」判る現象を、ここでは「映像の錯視」と呼んでみました。映像だと人間の目で見ただけでは、気が付かないような違いも「はっきり」判るようになります。言い換えると映像だから違いが「はっきり」と判る現象と言えます。

　ここでは、光学機器で映した映像などを代表的なものに書き換えて「パソコン画像」と表示することにします。光学機器を使った大画面やテレビの画像でも良いのですが、一つ一つ解説をするのも面倒なので、パソコン画像で了解していただきたいと思います。

　私達が対象を見る時に、肉眼で直接見る場合と、パソコン画像で見る場合とでは、幾つかの大きな違いがあります。初めにパソコン画像の特徴を映像の特徴として記載します。

　映像の特徴はここに記載する以外にもあるかもしれません。最初に現時点で考えられる事項で、錯視現象に影響を与えるような現象について記載します。

(1) パソコン画像の特徴
①単一視点　➡　平面視
　映像の錯視の最大の特徴は、カメラを一つ使って1点から対象を見ていることです。対象を1点から見ると立体視はできず、平面化して見ていることになります。平面化すると奥行きの概念がなくなるため、立体形状は平面画像となって見えることになります。平面化の錯視は映像を使うと表現しやすくなります。立体としてじっくり見た場合には不自然に感じることも、平面視することで自然に見えるからです。

②圧縮効果
　マラソンの実況中継では望遠レンズを使って映している場面が数多く見られます。先頭の走者とそれに続く走者との間はいまにも接触しそうなほどですが、通常のレンズを使うと意外に離れていることが判りま

す。望遠レンズを使って対象を写すと圧縮効果によって、写した対象に遠近がある場合、その距離の差が短くなったように見えます。写真愛好家の間で常識となっている圧縮効果です。

　災害時の崖崩れの映像を見ると、どれもかなりの急斜面です。しかし、現地を実際に見たり、近接した写真を見ると、遠くから写した写真ほど急には見えません。登山中の人物を写した映像も比較的遠くから写した場合は急斜面に写りますが、近くから写すとそれほど急斜面には見えません。これも前述した圧縮効果による見え方の違いです。

　圧縮効果やその結果として斜面が急に見える現象は、科学的に説明できる現象であるため一般的に錯視には含めません。

③色彩の違いの強調

　パソコン画像は、色彩の差異が大きく表現されます。パソコンの画像は、発光体で作成されている画像という意味で、違いが「はっきり」と判るように表現されます。

　紙面の画像は、文字通り紙の面などに表現された画像で、反射光で見ることができる画面です。そのため、目で見た場合の色彩の差異が、パソコン画像に比較して少なくなります。錯視は境界部で背景の違いによって生じるため、画像も違いが「はっきり」判ると錯視現象が判りやすくなります。静止画像であってもパソコン画像の方が判りやすくなります。

　色彩の同化・混色については、パソコン画像は加法混色になるため、明るく見やすくなりますが、紙面での画像は減法混色になるため暗くなり見難くなります。

　残像現象などもパソコン画像では簡単にできますが、手動で動かす場合は大変です。

④画面の動き

　画面そのものを動かすことも、パソコン画像では簡単ですが、紙面では人間が操作して画面を動かさなければなりません。人間が操作して動かすことも光学画像では簡単に再現できます。画像はその変化が大きい

場合には観測することができますが、小さい場合は観測が困難になります。錯視現象が動きである場合、パソコン画面では、その動きを容易に実施できます。

⑤変換時間の違い　夕景色の色彩

　光学機器の感度、言い換えれば必要な変換時間は光の量に比例しますが、人間の目は対数比例で変換します。

　夕焼け空を見た時に、光学機器は数量比例であるため、赤色の量が多くなると全面が強い赤色に覆われます。しかし、人間の目は対数比例であるため、パソコン画像ほど強くは反応しません。その差が、夕景色の写真と夕景色を直接肉眼で見る場合の差となって表れます（全面が同一傾向の色彩で覆われた場合、人間の目には補色の表出があることで生じる反対色相の表出で、赤色がさらに減少して見えることになります）。

　人間の目の視細胞の反応が対数比例であることは、視細胞の実験によって確認されています。人間の感覚量は対数比例であることは実験的に確認された現象です。

⑥残像の有無

　白地に赤丸を表した図形で赤丸を急速に取り去るとその後に青が見えます。パソコン画像で赤丸を急速に取り去ると、パソコン画像の上では赤丸が取り去られた状態で地の色になります。

　パソコン画像では、瞬間的に前の映像にあった赤丸は無くなって見えます。画面にその画像を投影した場合は、人間の目が反応するため、同じような残像現象が見られるのです。結局は人間の目で見る現象になり、現象としてはほぼ同じように見えることになります。

⑦感光素子の分布と意識

　パソコン画像では光信号を電気信号に変える感光素子が面上に一様に分布していますが、人間の目の網膜の視細胞の分布は一様ではありません。網膜の視細胞は中心部の密度が高く周辺部は密度が低くなっています。この結果、中心で見る対象の分解能が高くなり、結果として「はっ

きり」見えるようになります。意識を集中して中心部で見ると「はっきり」見えることになります。パソコン画像には意識が入る余地はありません。

　パソコン画像では、形状の錯視などは画面上では生じていないと思われますが、その画面を見る人間の視覚は画像を見て違いが生じていることを認知します。この事実を確認する方法は、パソコン画像で見ている二つの対象の背景を同一にすること、あるいは背景を無くすことで確認できます。

⑧パソコン画像の一般的特徴　錯視を表現しやすくなる

　パソコン画像では、自然界では有り得ないような、色の組み合わせ、コントラスト、変化のスピードなどが表現できます。そのため、人間が見た場合には微弱な変化であっても、パソコン画像では大きな変化として表現することが可能になります。錯視は私達が対象を見ている時に、背景が急変する場合に何かが大きく変わって見える現象です。パソコン画像は変化を大きく見せることができるため、人間の視覚では通常では判らないほどの小さな変化も、パソコン画像では「はっきり」判るほどになる場合があります。パソコン画像を使うことで、錯視は表現しやすくなります。

　パソコン画像の特徴は、動画を表現することに適していることです。静止画像では表現することができない多くの表現が可能になります。

⑵　パソコン画像の盲点

　パソコン画像（映像）の錯視の盲点は、映像で表現されている錯視現象が、本当に錯視現象として背景の違いで生じているのか、画像操作によって意図的に作られたものか、映像を見ただけでは即座には判断できないことです。映像は一コマ毎に作成して合成し、全体として見せることができます。この時に画像を編集しておけば、各種の錯視現象を意図的に作成することができるからです。

　例えば、西部劇の駅馬車についても、車輪の動きを固定し、背景をそのままにして、一コマずつ、馬車を少しずつ進行方向へ移動させれば、

車輪の動きは固定され、場所が進んでいく画像が撮れます。なよやか錯視についても、角丸部分をゆっくりと動かし、上下左右の辺の部分は内外に波打つような図形を合成すれば、同じように見えるように作成可能です。残像についても、赤丸を急速に取り去った後に、青色の青を徐々に薄くした画面を準備して、そのコマを連続させれば、実際と同じように徐々に青が減少していく現象の映像を作ることができます。映像の錯視で表現された錯視現象は、その映像が意図的に合成・編集された作品でないことを明示する必要があります。

『鬼滅の刃』では、退治された鬼が死ぬ時、その体の一部が点のようになりながら徐々に消滅していきます。一般的には有り得ない光景ですが、動画では徐々に消滅部位をズラしながら増やすことで表現が可能になります。存在するものがなくなることも映像では簡単に表現できますが、ここで表現されたこの現象を錯視と言う人はいません。パソコン画像では、意図的に合成されたり削除されたり各種の編集が行われていないことが判る説明が必要です。

⑶ パソコン画像と既存の錯視
①仮現運動

仮現運動は、空間的に離れた固定された二つの対象を、一定の時間間隔をおいて交互に提示する時に、その対象の2点が交互に動いていくように見える現象です。実際は静止状態でありながら、そこに運動が認められる場合です。画像が少しずつ変わり連続して映写される映画などは、この原理を活用したものです。

仮現運動は、二つの対象とそれを取り巻く背景によって、その現れ方は異なります。

2点間の距離が視角として広く遠い場合は、それぞれが独立に時間間隔を置いて提示された通りに見えます。提示時間の間隔がある程度以上長いと、それぞれが個々の対象として見えます。仮現運動は、2点のそれぞれの提示が適切な時間間隔で、適切な距離間隔の時だけに見られる現象です。距離や時間の間隔は短い方がスムースに見られます。

実際に対象そのものは動いていないにもかかわらず、2点間を動いて

いるように見える現象のため、仮現運動と呼ばれています。

　私達人間は連続的に対象を見ているため、途中に障害物がある時以外は、対象は連続的に移動しているように見えます。仮現運動は映像だけに生じる現象です。

　仮現運動は原理的には錯視かもしれませんが、日常生活に登場する全ての動画の基本現象です。仮現運動を錯視とすることは全ての動画を錯視画像とすることになってしまうため、実情に合わないと思われます。仮現運動は常識的に考えて当たり前の現象です。

②角速度　西部劇の駅馬車

　西部劇で駅馬車が走っている時、車輪の中のスポークが一瞬停止し、次に逆回転をしているように見えることがあります。短時間で写されたスポークの映像が、次あるいは整数倍の次のスポークの映像と重なった時に見られる現象です。私達の目は連続的に対象（この場合はスポーク）を見ますが、映像は非常に短時間である瞬時の映像を積み重ねて連続的に映しています。その違いが現れたのが、駅馬車の車輪が、停止や逆回転して見える現象です。映像だから生じる現象で科学的に証明できる現象です。

⑷「なよやか錯視」（東京大学大学院　総合文化研究科　木村真理乃氏作品）

　錯視・錯聴コンテスト10周年記念総合グランプリ決定コンテストで総合グランプリの受賞作品です。図形内が塗りつぶされていない角丸正方形が回転すると「枠が波打つように見える」現象です。

　メカニズムの考察で「図形が回転することで、図形自体の全体像よりも、図形のローカルな曲率の変化率が強調されていることがメカニズムであると考えられる。」との説明がされていました。

①メカニズムについて

　この錯視図は映像での表現はできますが、一般的な静止画や自然現象の中で生じる現象ではありません。そのため、映像だから生じる現象に

分類してみました。

　なよやか錯視が回転に伴い枠が波打つような現象であることは、作品を見れば誰もが判る現象です。多くの作品が錯視現象がどのようなものであるか？　あるいはどうしたら錯視現象が見やすくなるのかという現象面の解説に終始しているのに比べ、錯視が発生するメカニズムについて説明された数少ない事例です。

②現象を観察する　制作者の解説などから

「なよやか錯視」の要因を検討するには、この錯視現象をよく観察することです。「なよやか錯視」は少し輪郭が太めの角丸正方形が単にゆっくりと回転しているだけです。角速度だけを考えれば角丸正方形のどの部分も同じ等速運動です。「なよやか」といわれる変動を生じる要素はありません。「なよやか」錯視は、角丸正方形では顕著に見られるが、その他の形状ではあまり見られません。正方形の形だけにある特徴が、何かに影響していると考えられます。

「なよやか錯視」の角丸正方形は、ある程度の幅を持った線で構成されています。この線の太さが細すぎても、太すぎても「なよやか」な動きは弱くなります。さらに、回転速度が、ある適性範囲内の時に見られます。

　制作者が述べるこれらから言えることは「なよやか錯視」は、形の基本が正方形で角の部分は円弧の4分の1が付いた形です。線の太さが適切な太さであり、回転速度が適切な範囲に限定された時に現象が「はっきり」と判るように生じる現象です。

③現象の検討

　背景は、角丸正方形であること、太さも適切な太さであること、回転速度も適切な速度であること、この結果、角丸の直線の辺部分で、「なよやか」な揺れ動くような動きが生じているように見えることです。さらに正方形の場合はかなり「はっきり」現れるが他の多角形ではその現象が弱くなっています。

　角丸正方形は全体としてゆっくりと回転しています。ゆっくりした角

丸正方形の回転運動によって、正方形の角に近い部分は丸で構成され、中心から遠いため角速度は同じですが実際の移動速度は、辺の部分に比べて速くなります。角丸多角形において、角の部分は一番外側にあるため、角速度が一定でも移動速度そのものは、辺の部分よりも速くなります。

　私達の移動に関する視覚は実際の移動距離に依存して見えます。私達の移動に関する視覚は、角速度ではなく実際の移動速度に依存するのです。そして、広い範囲の大きな動きが優先され、小さな動きは見え難くなります。このように考えると、角丸正方形の角丸部分は速く動き、辺の部分は遅く動いて見えることになります。

　全体図形を円の包絡線で結んだ場合、円周から多角形の辺の中点までの距離は、正方形の場合は長いけれど、正五角形以上の多角形になるとその距離は短くなります。その結果、辺の実際の移動距離の差は、四辺形よりも短くなります。なよやか錯視は、包絡円と辺の距離の差によって生じる現象であると考えられるため、正方形の場合は大きく見えても、正五角形以上の正多角形になると辺の中点と包絡円の距離が短くなるため、なよやかな動きの大きさは小さくなります。

　なよやか錯視は、角速度が一定の時に、実際の移動速度が異なることで生じる現象と考えられます。制作者の方の説明の趣旨もこのようなことかと思います。

　角丸正方形の回転図形は、自然界に存在する現象ではなく、映像で表現可能な錯視です。そのため、ここでは映像の錯視に分類して記載しました。

④小円の存在
　なよやか錯視は、内側に少し小さな円が存在するとなよやかな動きが大きく現れ、少し「はっきり」と見えます。この現象は小さな円の場所を角の方に偏らせると、さらに大きくなって見えます。

　この現象は、大きさの錯視の時に対象の近くに何かが存在する場合は、比較する対象が大きく見えることと同じ現象です。小さな円が中心部にある時は、比較的少ないが、なよやかな動きが何もない時よりも、

全体が拡大されるため、「なよやか」な動きも拡大され「はっきり」見えるようになります。小さな円が周辺部にズレると、「なよやか」な動きを生じている場所に近くなるため、その付近がさらに拡大され「なよやか」な動きもさらに拡大して見えることになります。

　小さな円の存在は、大きさの錯視と基本現象は同じです。着目する対象の付近に何かが存在すれば、その距離に応じて、対象を拡大し「はっきり」させる現象です。

２．平面化の錯視

　平面化の錯視とは、立体の奥行きの概念を取り払って平面的に見た場合に生じる錯視現象です。正確に言うと、見ている対象の形状、色彩、動きなどは何も変わらず、何かが変わっているように見えるように意識される現象です。

　見ている対象の形状や色彩などの現象は何も変わっていないが、見ている時の「意識」が何かが異なっているように「誘導」される現象で、具体的には、トリックアート、だまし絵などと呼ばれる作品などです。ここでは、広義の錯視に分類しています。多くの作品が心理的には有り得ないような状況を作り出して、何かが異なっているのではという「意識」を誘導させる作品です。

「意識」を誘導する場合、何かが異なっているがその理由は深追いせずただ単に一般的には有り得ないような状況を作り出している場合と、物理科学的法則などを利用して有り得ないような状況を作り出している場合があります。窓枠から人がはみ出しているような絵は通常では有り得ませんが、だまし絵としては人を楽しませてくれます。

　本書で記載する平面化の錯視は、物理科学的法則から考えると有り得ないと思えるような表現をされている作品のことです。物理科学的法則の光の反射と屈折で説明できる虹や水底が浮き上がって見える現象などは、誰もが理解できる科学的現象であるためここには含めません。

⑴ 科学法則との違い

　対象は立体であるが、対象の個々の距離が判らないようにして見ることで、実際の距離の差異が判らなくすることで生じる何かが異なって見える現象をここでは平面化の錯視と言っています。平面化の錯視は、実際の距離の相違は判らないが、見えている状態が立体であったなら、そこに見える見え方が、物理科学的に考えて、何かが異なっているように見えてしまう現象です。

　科学的な自然の法則で生じる見え方とは、何かが異なって見える現象という意味で使っています。自然法則で考える現象と、錯視図で見ている現象との間でどこかが異なっているように見えます。

①エッシャーの滝

　水の流れが滝を下り、水路を流れているうちにいつの間にか滝の上に流れるようになっており、再び滝を流れ落ちるという錯視図です。自然の法則とは異なる流れになっているため、時には軽い眩暈を起こす場合もあります。

　絵画の遠近と上下の関係を巧みに使い、有り得ない水の流れを表現した図です。水の流れが物理科学的法則と異なって表現されている錯視図です。遠近と上下の関係の物理科学的基本を無視し、部分的な水の流れが如何にもありそうな状態に表現し、トータルとして物理科学的には有り得ない現象を表現した作品です。意図的に遠近の表現を無視した時に生じる現象を利用しています。

②不可能立体　四角と丸

　明治大学杉原厚吉教授の作成した不可能立体に関する錯視画像が数多く発表されています。ここではそのうちの一つ「四角と丸」を例に挙げます。四角と丸はコンピュータープログラムを使って3次元方程式を解いて作成した図形と言われています。
「四角と丸」は、特定の一方向の斜め上から見た画像は「四角」に見えるが、鏡に映すと「丸」に見えるという作品です（ネット記事などで確認してください）。

上面が四角と丸に見える理由はたった一つです。「四角と丸」の上面を見る目の位置が、直接見る場合と鏡に映った画像を見る場合とでは、異なった位置から見ているからです。異なった位置から見て、それぞれの画像を比較しているため、異なった形が見えるのは当たり前の現象です。「四角と丸」の場合、対象を見ている目の位置と鏡に映った画像を見ている位置が同じため、同じ位置から対象を見ていると「意識」が誘導され、同じ位置から見ているのに何故異なって見えるのかという「意識」が生じるのです。実際の画像と鏡に映った画像は180度異なった方向から見た画像です。

　180度異なった反対方向から見れば、画像の形が異なるのは当たり前です。

「四角と丸」の場合は、同じ上面を見ています。そのため、同じ面を見ていることから、同じ形に見えるのが当然だという「意識」が無意識のうち誘導されます。

　異なった方向から見れば、立体画像は異なった形に見えるのは当然です。四角と丸という単純な形状にすることで違いを「はっきり」させることも行われています。

「四角と丸」では、上面は平面ではなく凹凸があります。凹凸と周辺の形状を選択することで一方から見た形状が四角になり、他方から見た形状を丸にしているだけです。これらの形状は、距離感が判ると表面が平面でないことが判るため、距離が判らないようにする必要があります。パソコン画像は距離感がありません。映像で見る場合は1眼で見るのと同じで距離感がありません。映像化することで、違いが「はっきり」し、表面の凹凸が見えなくなり、不自然さが解消します。近くから両眼で見ると表面の歪みが判りますが、パソコン画像やかなり離れたところから見ると圧縮効果による平面化によって、表面の歪みが判らなくなります。

　見ている対象は物理科学的に何も変わって見えているわけではありませんが、対象を平面化して見る時に成り立ち、同じ形状に見えるハズという意識との違いで生じる見え方です。対象を平面化して見る場合に成立する見え方であるため、本書では平面化の錯視に分類しました。その

ように見えるのが当たり前の現象で、意識だけが同じに見えるのはおかしいと思うように誘導された結果です。

⑵ 遠近の無視
①遠近を無視したトリックアート　大型化
　片目で見る場合や画像などは、一つの方向からの見方になるため遠近が判りません。

　遠近が判らないことを利用したトリックアートが多数あります。この種類のトリックアートは、特定の場所から片目で見るか、映像にするか、少し離れて遠近が判り難い状態にするかそのどれかを採用することにより、遠近が判り難いようにすることで成り立ちます。奥行きの感覚を無くし平面視することで生じる現象を利用します。作品は、距離が判らないだけで実際の形状や色彩が異なって見えることはありません。

　距離を長くすると両目で見ても遠近の差が判り難くなるため、実際に作品を作る場合は、ある程度以上の距離が保てるように、大型化することが適しています。逆の言い方をすると、大型の作品を作ることに適しているということです。そのためか、トリックアート展では「平面化の錯視」を利用した展示作品が多くなります。

　写真を撮る時も遠近を無視することで、トリックアートとしての写真映像は、条件さえ整えば無限に作成可能です。多少小さくとも映像化することで、単独視点からの見方となり、奥行きの概念が無くなって見えます。

②遠近の逆転　ホロウマスクやペーパードラゴン
　ホロウマスクやペーパードラゴンのように、遠近を逆転させたトリックアート作品があります。

　距離が逆転することで、対象を動かした時の動きが異なって見えるため、奇妙な感覚になる立体図形です。見えている現象はあるがままに見えていますが、それぞれの部分的動きが、目から対象の着目部分までの距離が、通常の長さとは逆転しているため、作品上の動きも逆転して見え、奇妙な動きに見えます。実際の形状がそのまま見える現象で、その

動きは科学的にも立証できます。

⑶ 水平感覚の曖昧さ　重力に逆らう球？

　水平感覚を知覚する器官は耳にある耳石であると言われています。耳石の物理的動きが、水平感覚の源です。そのためか、水平感覚はかなり感度の鈍い器官です。

　海面のように非常に広い範囲を見る時の水平線は文字通り水平に見えます（厳密に言えば水平線は地球の重力の影響を受け、緩い曲線を描いていますが、比較的狭い範囲では水平方向の直線に見えます）。しかし、通常の風景で見る水平線は常に大きく変動しています。片目で見ると水平線の角度はどこが水平方向か判らないほどです。窓枠を横から見れば、上部と下部では枠の向きが透視図形の消失点に向かい、平行ではありません。

　直線の方向が同一方向に向かっても、角度の異なりによって方向が異なって見えるのです。水平方向か否かは周辺状況によって、大きく異なって見えます。

　建物内部では、垂直線が見られるとそれに直交する線が水平線となりますが、斜めに見ると二つの水平線は消失点で交差するため、平行には見えません。このように水平線というものは、周囲の見え方の影響を受け、かなりあいまいに見えています。水平であるか否かは直交する直線があると判りやすくなります。しかし、片目で見ると遠近が無視され、形状だけが見えるため、水平方向の詳細は判らなくなります。水平方向は見た目だけではなかなか判らないということです。これに平衡感覚の曖昧さも加わり、水平方向を知覚するのはますます困難になります。

①背景に左右される水平方向

　平らな水平な土地で、地上１ｍの高さに２ｍほどの棒を水平に設置し、棒から少し離れて棒と直交した２〜３ｍ離れた場所で地上１ｍの高さから見ると、棒は地面と平行に見え、水平に見えます。しかし、その棒を見る位置を変えると棒の見える形が変わり、形だけでは棒が地面と平行であるのか否か判りません。斜めから見た場合、距離が判らなけ

れば、棒の形状を見ただけでは水平方向はまったくと言ってよいほど判りません。

　私達が水平方向を知覚できるのは、周辺の状況（背景）を目で見て比較しながら見ているためです。背景が異なれば、水平方向は判り難くなります。立体視ができないと水平方向は非常に判り難くなります。

　水平方向の知覚は、対象を見ている時の背景に依存して大きく変わります。例えば、垂直方向に近い直線がある程度あると、その直線に直交する線は水平線であると「意識」してしまいます。極論すれば、水平方向は背景によって異なって見えることになります。

②重力に逆らうように坂を転がり上っていくボール　その1　壁面

　大きな壁面に比較的垂直で実際には少し傾いた直線が見えるような壁面を作ります。次にその壁面と直角に直線を引きます。見た目には垂直な線とそれに直交する水平線が見える壁面です。

　この壁面に、壁面の水平線と実際の水平線との間に球が転がるような溝のある樋を取り付けます。樋の取り付ける角度は、壁面と直角の線と実際の水平線との間の角度になります。

　この樋の上に球を転がすと、背景として見えている水平線の上の方へ球が転がっていくように見えます。球が重力によって低い方に転がるのは当たり前ですが、背景として表示されている水平線が実際とは異なっているために生じる現象です。

　物理科学的には当たり前の現象ですが、背景の形状からそこに表示されている水平方向が正しいという「意識」を誘導した結果です。

③重力に逆らうように坂を転がり上っていくボール　その2　四方向すべり台

　明治大学杉原厚吉教授の錯視作品に「なんでも吸引四方向すべり台」という作品があります。一見すると中央が高く見える滑り台で、中央部分から四方向に設置された滑り台の滑り下りる所に球を置くと、どの球も中央の一番高く見えるところに上っていくように見えるものです。中央部分に何でも吸引するように見えることから「なんでも吸引四方向す

べり台」と名付けられたようです。

　この作品の原理は簡単です。球は低い方に転がります。滑り台の下は見かけ上は低く見えますが、実際には４つの滑り台が集まる中央部分よりも高いところにあります。高いところから低いところに球が転がるのは当たり前の科学的現象です。

　さらに、前項壁面で説明したように、実際の傾斜と見かけ上の傾斜が異なることを利用して球の転がる方向を中央に集めたのが四方向滑り台錯視です。この錯視も、滑り台の構造が立体的な遠近感が判り難い場合に成り立つ現象です。そのため、映像として作品を作ることで、何かが異なっているように「意識」が誘導されます。

　実際に見ている現象は科学的に立証可能な現象です。複数方向へ設置された中央部分は、一番高いところにあると考える「意識」と、実際に見える現象の違いが誘導された結果です。

④重力に逆らうように坂を転がり上っていくボール　その３　幽霊坂

　坂道の途中で変化部分が凹んだ状態で勾配が急に変わる場所をサグ部と言います。坂道が初めに緩い勾配で上がり、サグ部以降の勾配が急になって上がる場合に、緩い勾配の端に立ってサグ部の方向を見ると、初めの緩い勾配が下り坂のように見え、その先の上り勾配は急な上りに見えます。進行方向に向かって緩い下り勾配ですが見た目には上り勾配に見えます。その結果上りに見える道にボールを置くと、ボールは進行方向が上りに見えるにもかかわらず、実際の傾斜で下方になる手前の方向に転がります。ボールが実際の傾斜に従って転がるのは当たり前の現象です。

　サグ部手前から見ると、サグ部に向かって道路はＶ字型の形状になっています。サグ部を過ぎると、道路側面の２本の直線は、手前のＶ字型の延長よりも先が広がった形状に見えます。その形状は遠方が実際よりも広がったような形状に見えます。遠方が広がるということは遠方が近くに見えることになります。その結果、サグ部も近くにあるように見え、近くに見えることで、道路の勾配が少し上がっているように見えるようになります。サグ部が少し上に見えることは、サグ部が近くに見

え、サグ部までが実際には下りであるにもかかわらず、上って見える場合が生じます。サグ部があると実際には下りであっても、上りに見えるような現象が生じます。

　①から④まではいずれも、実際の傾斜が見かけの傾斜と異なっていることで生じる現象です。私達人間の水平感覚の曖昧さが原因で生じる現象と言えます。実際に生じていることは自然科学の法則に基づいて起こる現象ですが、転がりの方向は科学現象として説明がつくので、平面化の錯視の中に分類しました。

⑷ シュレーダーの階段
①「ウィキペディア」の説明（抜粋）
　シュレーダーの階段は錯視の一つ。左上から右下に続く階段の絵としても、それと同じ階段が逆さまになった絵としても認識される2次元の絵。知覚心理学における逆遠近の古典的な例である。
　杉原厚吉によって3次元作品「立体版シュレーダー階段図形」が制作され、2020年に開催された「世界錯覚コンテスト（英語版）2020」にて優勝を果たした。
　この絵は、「両義図」、「反転図」、「双安定図」など様々に書かれうる。1番目の分類は、図が二つ（もしくはそれ以上）の異なる対象として認識される可能性を示す。2番目は、図を見つめてしばらくすると、向きの認識が無意識に逆転する現象を示す。3番目は、図に対して（一つではなく）二つの安定した認識があるという事実を強調

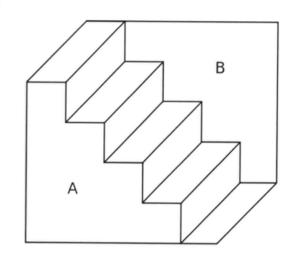

している。

②逆遠近法

　逆遠近法とは、近くのものを小さく描き、遠くのものを大きく描くことです。シュレーダーの階段は、一つのステップで見ると斜め右上から左下に階段部分のある平行四辺形で構成されています。階段部分が立体の一部であれば、一つのステップについて、右上にある部分は遠方にあり、左下は近くにあるように見えます。近くにある場合は大きく、遠くにある場合は小さく見えるハズなのに同じ大きさであるため、逆遠近法で描かれているというわけです。実際の図形は遠近に関わらず四辺形の対辺は同じ長さです。本来の見方では、逆遠近法ではなく、遠近の考え方が入っていない図形です。シュレーダーの階段の図形は、遠近の考え方が無視された図形と言えます。逆遠近法と言うのは言い過ぎでしょう。

　遠近が無視された図形は、遠近を無視した平面化の錯視の特徴です。視覚的に遠近を判らなくすることで、何かが異なって見えているような意識が誘導されます。平面化の錯視の基本原理です。

③シュレーダーの階段の見方

　シュレーダーの階段は、図形を180度回転させ、上下を逆にしても、元の図形と同じ形状に見えます。通常、対称でない形状のものは上下を逆にすれば、異なる図形に見える形状が大部分です。しかし、シュレーダーの階段では図形の上下が逆になってもまったく同じ形状に見えるので、「シュレーダーの階段は錯視の一つ」というわけです。

　図形を180度回転させると、奥（上方）と手前（下方）が入れ替わるので、奥と手前の長さが異なると、その違いが判りますが、シュレーダーの階段では同じ大きさになっているため、奥と手前が入れ替わってもそれぞれの辺の長さは変わらず、最初の図形と同じ大きさに見えます。

　シュレーダーの階段は単に180度回転させた時の回転対称に作られた図形です。回転対称に作られた図形は、回転しても同じ図形に見えるの

は当たり前の現象です。従って、シュレーダーの階段は厳密な意味での
錯視ではありません。奥行きの見え方を失くしたために生じる「平面化
の錯視」と言えます。

④シュレーダーの階段の見え方
　シュレーダーの階段を90度時計方向に回転させると、左右が反転し
た鏡面対象になります。反時計回りに回転しても同じように鏡面対象に
なります。これらは、遠近法を無視した長さの表現によって、不自然で
ない形状で見られるわけです。

⑤立体版シュレーダー階段図形
　杉原厚吉教授によって３次元作品「立体版シュレーダー階段図形」が
制作されました。2020年に開催された「世界錯覚コンテスト（英語版）
2020」にて優勝を果たしました。実際の立体であっても、平面として見
ることで成立する錯視で、遠近が判り難いように一点から見た視点の時
に成立する錯視というか見え方の違いを巧みに表現しています。
　シュレーダーの階段と立体版シュレーダー階段図形は、実際に見える
状態が何か異なって見えるのではなく、図形を回転させても、見えてい
る現象は実際の形状などがあるがままに見えている状態です。この錯視
画像は、回転すれば異なって見えるという意識と実際に見えている現象
との違いによって、この見え方は何かが異なるのではないかと言う「意
識」が誘導された図形です。

第4章　既存理論の疑問点

　ここでは錯視を中心に視覚に関する疑問点を、その疑問の理由も含めてできるだけ簡単にして列挙します。これまでの錯視に関する説明が正しいと考える方々からすると、何処かが間違っている理論ということになります。ここでの理論が正しいか否かを判断するのは読者の方々です。基本的には考え方の違いです。以下は著者の主張です。

　既存の錯視理論や視覚に関する理論の一部には、明確な間違いがあります。何をどう説明したら判りやすくなるか、その表現に迷います。間違えた理論の根本的考え方を、幾つか列挙することから始めたいと思います。

　　　☆基本的区別をしていない。
　　　☆誘導と言われる概念がない。
　　　☆一方的見方で構成されている。
　　　☆理論に整合性が無くとも無視する。

　この他にもあると思いますが、とりあえず上記の事項を念頭に置いて具体的な検討を進めます。

１．次元の違い

　全ての錯視は、平面上の形状、色彩、動きなどが、背景の違いで生じていることを実証してきました。
　２次元の平面上で生じている現象は、２次元の表面上に現れる現象で説明すべきです。２次元の平面上で起こっている現象を説明するために、３次元の空間で起こる現象を持ち出して説明する必要はありません。２次元の平面上で説明できる現象に、３次元の考え方を用いなければ説明できない理論は、それだけで間違った理論と考えられます。

(1) 形状の錯視の要因の説明

　形状の錯視の要因に、３次元としての考え方を導入することは間違いです。形状の錯視は２次元空間で背景の違いで生じています。３次元の考え方を導入しなければ説明できない理論は、基本が間違っています。

① ２次元画像から３次元画像へ　既存の間違った説明

　網膜に映るのは２次元画像である。人間はこの２次元画像から３次元空間を類推する。これは無意識のうちに実行される高度な処理、大規模な再解釈によって作られたイメージである。錯覚は人間が周りの環境に適応するための巧妙な脳の戦略の表れだということが判ってきている。

② ２次元画像から３次元画像は決定できません

　２次元画像から３次元画像を決定するためには、同一のところを異なった視点から見る二つの画像が必要です。二つの画像があれば視差によって対象までの距離が判ります。対象までの距離が判ればその積分で立体視もできるようになります。

　高度な処理や再解釈は必要ありません。なお、錯覚は人間が周りの環境に適応するための巧妙な戦略の表れと言っていますが、単に情報を「はっきり」するための手段です。情報を「はっきり」させることが巧妙な戦略と言うのであれば、一概にこの表現は間違いとは言えないのでしょう。モーガンの公準では、「低次の心的な能力によって説明可能なことは、高次の心的な能力によって解釈してはならない」と述べています。情報を「はっきり」させるための現象を高度な処理と言う必要もないと思います。

③ 立体視

　人間は両眼で見ることで、見た対象が立体であることや対象までの距離が判ります。

　一つの画像では平面の情報しか得られませんが、両眼の間には距離があり、それぞれの目で対象を見る時、対象を見る角度が微妙に違います。この角度の違いによって、両眼での視差が生じ、私達は対象までの

距離が判り、その距離を脳の機能を使って積分することで、立体を知覚します。

　対象を見た時の両眼の位置を考えれば、三角形では一辺の長さが判り、対象を見る時の両眼を結ぶ線と対象を見る時のそれぞれの角度が判ります。両眼の間の距離は個人個人で決まっているため、両眼を結ぶ線と対象を見る時の視線の角度が決まると、一辺の長さが決まり、その線分の両端である両眼から対象を見た時のそれぞれの角度が決まります。その結果、目から対象までの距離は一つに確定します（三角形の相似形の理論です）。距離と立体視は、両眼で見ることで可能になるのです。自然科学や物理学での世界の常識です。

④鮮明な画像と両眼視の矛盾を解消する理論

　このような間違った考え方が生じた背景にはそれ相応の理由があります。２次元と３次元に関する基本を理解していなかったことが一つの理由です。

　もう一つの理由が、私達が対象を見た時、その画像が「はっきり」していることです。私達が実際に目にして知覚する対象は何時も「はっきり」と見えています。「はっきり」とした利き目で見た画像だけが見えるため、片目で見た「はっきり」した画像から３次元世界を何らかの方法で推測して、確定できると考えたのではないかと思われます。

　両眼の画像を同時に見ると画像が重なるので「ぼやけて」見えるはずだという考え方が根底にあり、現実に「はっきり」見える片目で見た画像だけが見えるため、その整合性をとるために、利き目で見た２次元の画像だけを脳が認識すると考えたのではないかと推測されます。実際に「はっきり」見えることは事実なので、片目で見た画像を認知していることは間違いありません。実際に利き目で見た画像が見えることもその通りです。現実を正確に把握した上での理論展開が必要です。

　実際に見ている画像が、利き目で見ている画像であることから、何故そのようなプロセスが存在するかを考えないで、突然脈絡もなしに、「２次元空間から３次元空間を復元する」という今までの理論を構築したのです。理論の飛躍ですが、画像が鮮明に見える理由が具体的かつ理

論的に説明できなかっただけのことです。

　この問題は、脳は同時に同じような二つのことを知覚できないとゲシュタルト心理学でいう優先度の考え方から説明が可能になります。

　両眼で見て距離を知覚した後は、利き目でない方の画像は脳が知覚する前に消去されるという考え方です。同時に目に入った二つの光の画像でも、同時に二つは知覚できないため、優先的に一つを選択するのは私達人間の基本的行動です。本書では「進化の過程で取得した能力」としています。

　3次元空間視と「はっきり」させて見ることが両立しているのが、私達が対象を見た時の一連の働きです。単純に考えると矛盾するこの両者の考え方を、矛盾することなく説明する理論が、前記の理論です。

　利き目でない方の画像を一気に消すような動作がどのように行われているかも、難しいように思われるかもしれませんが、人工知能（AI）や全ての電気製品のことを考えれば単純なたった一つの動作、元となるスイッチを一つ切るだけで可能です。言い換えれば非常に単純な動作で行うことができるのです。

　利き目でない方の画像は「距離感と立体視」に活用した後、脳での認知の神経細胞の伝達回路の途中で遮断すればよいだけです。日常的に常時このようなことが行われているので、私達が対象を「はっきり」と見て、立体感などが判るのです。

⑤実社会での実用化

　いくら奥行きの手掛かりを積み重ねても3次元画像は作成できませんが、実社会では、両眼視の原理を使って立体視の画像ができることは、立体映画や3次元のヴァーチャルリアリティ画像からも証明されています。

⑥基本的間違い

　①の既存の間違った説明で出てくる言葉のいくつかは、基本的間違いです。「無意識のうちに実行される高度な処理、大規模な再解釈によって作られたイメージである。錯覚は人間が周りの環境に適応するための

巧妙な脳の戦略の表れだということが判ってきている。」とあります。これらについて以下のように解釈します。

「無意識のうちに実行される高度な処理」は、高度な処理が不要です。高度な処理ではなく、「単純で明確な処理」で十分です。人工頭脳（AI）も高度な処理を行っていますが、その基本原理は非常に単純なオン・オフ機能です。

「大規模な再解釈」には考えるという「意識」が入ります。見ることは情報を入手することです。AI ではインプットデータです。大規模な再解釈は AI ではデータの処理です。データのインプットにデータの処理は必要ありません。

「錯覚は人間が周りの環境に適応するための巧妙な脳の戦略の表れ」としていますが、錯覚は人間が周りの環境を「はっきり」させるという非常に単純な目的を達成するための手段です。「巧妙な脳の戦略」とは具体的に何を表現しているか判りません。

　以上に記載したように「高度な処理」、「大規模な再解釈」、「巧妙な脳の戦略」という言葉が表れたら、その説明は具体的説明を省略してミスリードする大部分が間違った説明と解釈することができます。

⑵ 次元に関する間違った理論
①奥行きの手がかり

　２次元空間の一つの画像から様々な奥行き（遠近）の手がかりを基に脳が推測して３次元空間を一つに確定するという考え方です。

　心理学の説明では３次元空間をこのように考えているようですが、この理論は基本が間違っています。２次元画像からどのような手段方法を用いても３次元画像を一つだけ確定することは不可能です。立体視をするには、必ず異なった２点から見た画像が必要になります。

　既存の理論では、視覚系の役割は『MARR Online』の言葉を借りて言えば、２次元の網膜情報から３次元の構造を復元することです。２次元の情報から３次元を復元するため、この問題は答えが一定に定まらないという意味で「不良設定問題」と言われます。２次元の網膜情報から３次元の構造を復元することが基本であるため、復元の過程で「奥行の手

がかり」という考え方を導入しています。既存の理論は、奥行きという概念を持ち込んで、3次元空間に存在する対象を一つに定めることが可能であるとする考え方です。

　2次元の網膜情報から3次元の構造を復元することは不可能です。3次元情報を得るためには、2次元情報に加えて必ず別の視点からの情報が必要です。2次元の網膜情報から3次元の構造を復元するという『MARR Online』の言葉の考え方そのものが間違いです。

②ものを見る仕組み

　ものを見る仕組みについて、NHKの放送大学『錯覚の科学』では「人は脳でものを見る」として、ヘルムホルツの提唱した「無意識に推論する」という考え方を採用しています。

　この理論は奥行きの処理の説明に利用されています。解が定まらない不良設定問題では、2次元の網膜像から3次元の対象を一つだけ再現することは不可能なので、その解を頭の中で計算して解いて、無意識のうちに推論しているという理論です。

　仮にこの理論が正しいとした場合には、どのようなシステムで具体的に個々の場所までの距離が確定するのかという「はっきり」とした理論が必要です。その理論を提示しないままに、2次元の網膜像から3次元の対象を一つだけ再現するという考え方は受け入れ難い理論です。この理論は基本が間違っています。両眼で見ることで、対象までの距離が判り、立体視もできるので推論する必要はありません。

　3次元空間の認識は両眼視で全て解決します。「奥行の手がかり」という言葉は、距離に関する基本的知識の欠如によって生じた理論と思われますが、何故既存の錯視や心理学の世界では、今も錯視現象の説明に使われているのか不思議です。

　錯視の要因に関する統一理論が近年まで構成できない基本要因の一つが「奥行の手がかり」という理論です。

③基本的間違い

　一つの視点から見た平面画像だけで、3次元世界を復元するという考

え方が基本的間違いです。「奥行の手がかり」を大きさの錯視の説明に
利用した理論は、全て間違った説明になります。

２．視覚を構成する視覚理論の間違い

⑴ 動きや変化の無いものは感度がゼロ (NTT「Illusion Forum」参照)
①「人間の眼は止まっているものをまったく認識できない」 既存の説明

　トロクスラー効果や消えるシミあるいはライラックチェイサーという
錯視現象では、画面の中心にある円や十字形を、できるだけ目を動かさ
ないで見つめていると、周辺にあるぼんやり描かれた小円などが消えて
見えなくなります。この錯視には「目の動き」が大きく関係していま
す。何かをじっと見ている時、自分では目が止まっていると思っていて
も、目は微小で震えるような運動をしています（マイクロサッカード）。
このような小さな目の動きはとても重要です。実験的にこのような目の
動きを止めてしまうと、目の前の風景や物体が完全に消えてしまうとい
うことが知られています。

　何故、細かい目の動きが無くなると、モノが消えてしまうのでしょう
か？　「視覚システムはまったく変化のないものに対しては感度がゼロ
になります。」これはとても合理的な仕組みです。変化しないものにつ
いてはそれ以上の情報処理は不要です。静止したものを見ている目の動
きが「完全に」止まってしまうと、網膜像はまったく変化しなくなりま
す。その結果、目の前の静止したモノは、目の前から消えてしまうとい
うことです。

②常識との乖離

　通常の常識からは考えられない発想です。このような考え方が生じた
理由は二つあります。その一つは、マイクロサッカードの実験で、目の
動きを完全に止めたところ、目の前のものがまったく見えなかったとい
う実験結果が存在することです。もう一つが、ここでの錯視のように、
中心付近をじっと見つめていると、周辺部の少しぼやけた小円が消えて
見えなくなる現象があることです。

　ここでの理論では、中心部をじっと見つめることで、目の動きが無くなっていると考えると、両方の共通点は、細かい目の動きが無いことです。細かい目の動きがないと、ものが見えなくなることから、突如、視覚システムに理論が飛び「視覚システムはまったく変化のないものに対しては、感度がゼロになります。」としています。

　まったく変化しないものに対しては、それ以上の情報処理が不要と言っています。

　静止したモノを見ている目の動きが「完全」に止まってしまうと、網膜像は、まったく変化しなくなります。その結果、目の前の静止したものは、目の前から消えてしまうということのようですが、この理論は論理の飛躍で間違っています。

③視覚システムでの感度ゼロは有り得ません

　私達が見ている世界は、通常はその大部分が静止した世界です。目の動きとモノの動きが無くなった場合、網膜像はまったく変化しなくなり、目の前のものは消えて見えなくなるという理論も不思議な理論です。もし現実にそのようなことが起こったら、何も見えない時に、何かが動いたら、その最初の動きが何故見えるようになるかという理論が必要になります。

④既存論は一方的な考え方の結果

　目の動きが完全に止まったらモノは見えなくなるという理論は、一方的な考え方の理論です。微小なものを見る場合は、私達の目はある程度の緊張感を持って詳細部分を見極めようと意識して対象を見ています。その結果、目にも微小な動きが生じます。

　一般的な大きさの対象を見ている時は、微小な対象を見る時ほど意識を集中しなくても大丈夫です。ある程度大雑把でかまいません。この大雑把さが一般的に対象を見ている時の状態です。通常私達が対象を見る時は、特に何かに注目しない限りは大雑把に見ています。大雑把に見る時、私達の目は静止した状態で働きます。

　空間的なスケールの違いによって、私達が対象を見ている時の見方も

変われば、見え方も変わります。

　物理の世界でも、大きさが異なれば見え方が変わります。見え方が変わったことで、基本的性質まで変わったように見える現象もあります。例えば電子や光子です。単体を最小単位で見れば、電子も光子も粒子の性質を持っているので小さな円状の点に見えます。しかし、電子を多数、粒子状の積み重ねで見ると、電子は波であることが判ります。このため、電子も光子も単体では粒子かもしれませんが、ある程度のまとまりをもった状態では波に見えます。粒子と波では物理的性状も異なります。

　マイクロサッカードというように小さな視点として見れば、微小な動きがあるようにみえても、全体として大きな視点から見れば、静止しているように見えることが通常私達が見ている状態です。

　既存論の考え方は、一つの現象が確認されたからといって、その現象が全てに適用されるわけではないのに、一方的にすべてに適用されると考えた結果です。

　既存論で「視覚システムは、まったく変化のないものに対しては、感度がゼロになります。これはとても合理的な仕組みです。変化しないものについては、それ以上の情報処理は不要です。」と述べています。この理論もまったく一方的な理論です。通常私達は静止した対象は見えています。静止したものは見えないという理論が正しければ、私達は朝に目を覚まして天井を見上げた時、目を開けても何も見えていないことになります。

⑤基本的間違い

　静止した対象は見る必要が無いなどの考え方は、常識を逸脱した理論です。静止した対象は最も「はっきり」見ることができる対象です。

⑵ 残像現象に関する錐体疲労説

　明るい緑色の円の画面を１分ほど瞬きもせずに見つめ、素早く目をつむり、白い壁を見たりすると、緑色があったところにマゼンダ色の円が見えます。白紙の上に明るい鮮やかな赤色の丸い円を描いた図形を置

き、素早く取り去ると赤い円の後に緑色の円が見え、直ぐに消えていきます。これらは残像現象です。

　残像現象は、色彩を知覚する視細胞の錐体が疲労することで生じるという説があります。著者はこの説を否定します。

①既存の説明は錐体の疲労

　マゼンダ色の円は網膜疲労によって生じた「残像」です。網膜細胞が長い間活動していると、エネルギーが無くなってしまうことで生じます。緑色のスクリーンを見つめている時、網膜の黄と青の錐体細胞は脳に対して継続的に、目の前に緑のものがあるというシグナルを送り続けます。その間は、赤の錐体細胞はなにもしません。それから他のものを見た時には、黄と青の錐体細胞は休息が必要な状態になります。白い壁を見ているとしたら、それは黄と青と赤の3原色が平等に合わさった状態なのですが、黄と青だけ反応しなくなります。

②疲労とは何か

　何とも奇妙な説明です。何も1分も見つめなくても、数秒じっと見つめ素早く赤丸を動かすだけで、そのあとにマゼンダ色が見えるようになります。疲労していなくても残像現象が生じますので、残像現象と網膜疲労はまったく関係ないと言えます。錐体疲労説は、特定の条件だけを重視してそのほかの条件を考慮していません。

　仮に疲労によって見えなくなるのであれば、対象である色彩を少し長めに見つめていれば、該当する錐体細胞は疲労してきます。何も、急に取り除かなくとも長時間見つめれば疲労はしますが、そのまま見つめていても、補色は現れません。錐体疲労説は実情を無視した理論です。

③基本的間違い

　疲労説は残像現象を一方的な見方で考えた結果です。仮にこの程度の疲労で見えなくなるのであれば、私達は直ぐに全世界が見えなくなります。観測結果である実情に整合しない理論であるため、明確に間違いと言える理論です。

⑶ 色彩の恒常性

　色彩の恒常性は、環境の光が変わっても色の本質は変わらないので、見え方はあまり変わらないことを言います。夕焼け空を写真に映した場合、鮮やかな赤やオレンジの色彩が画面を覆います。肉眼で見た場合は、それほど赤やオレンジには見えず、昼間見た光景が少し赤みを帯びた程度に見えます。私達が夕景色を見て、写真で写した時とは赤みがかった色彩が大きく違うことの理由が色彩の恒常性にあるという理論です。

①既存理論の間違い　色彩の恒常性

　色彩の恒常性はある一定状態に近い状態に見えるという現象の特徴を表しています。既存の理論では、何故色彩の恒常性があるのか、その要因は明らかにされていないとされています。

　放送大学の講座で、モンドリアンの図形を白色光で照明した原図と黄色光で照明した図形を見せ、しばらくして見慣れると同じパターンが見えると解説していました。そして人間の視覚はオリジナルの色彩を無意識に考え出しているとし、この現象は、色彩の恒常性として知られていると述べています。色彩の恒常性という場合は、そこに表現されている状態が何時も「同じように見える」ことを表しています。

②表現の混同　色彩の恒常性

「同じように見える」ことは「同じに見える」こととは違います。同じように見えることは、見えていることは明らかに異なっているが、その違いを考えないで見えている対象の色彩などの変化の「傾向が同じ」である時に使われます。全体の色相が異なるが、その中の個々の色彩の差異が同じような割合で識別できる状態の時に使われるのが「同じように見える」という表現です。「同じに見える」とは違います。

　白色光で照らされた色彩と黄色光で照らされた色彩は見た目にも「はっきり」異なります。「はっきり」異なっているにもかかわらず、パターンの「傾向が同じ」ように見えるため、全体も同じように見えているというのが色彩の恒常性です。

　恒常性は、常に定常状態に戻ろうとする特性で、単に恒常性という場合は「定常状態に戻ろうとする特性」を表しています。

　恒常性は一定状態に戻ろうとする性質を表していますが、色彩の恒常性は一定に近い状態に見える結果を表しています。本質が判らないと同じような状態であるように誘導されますが、基本的な現象が異なります。

③色彩の見え方

　色彩の見え方は、対象を見ている時の周辺状況によってその見え方である色彩が異なって見えます。空間的な見方において、その見え方には二つの違いがあります。

　その一つは、全体と部分との比較です。もう一つは境界線を挟んでの相対的な比較です。どちらも、視細胞が有限であり、感度にも限界があることで生じる現象です。

　境界線を挟んで、二つの色彩が交互に並んで存在する場合、色彩間の物理的間隔（視野角）が小さい場合、その間隔に応じて見え方が変わります。広い場合は、それぞれ独立した色彩に見えますが、境界付近になると相互に強調します。その間隔が狭くなると同化が起こり、さらに狭くなると混合が起こります。

　広い範囲が同一色彩で覆われた場合は、違いを「はっきり」させるためにその色彩の色相の補色が誘導されます（前著『錯視の地動説』では、広い範囲を覆う特定の色彩が一部カットされるとしましたが、その後の検討で、補色が誘導されると考えた方が、全体の色相の差異が判りやすくなることが判りました）。その結果、該当する色彩の感度が下げられ全体の色相の違いが「はっきり」判るようになります。進化の過程で入手した能力と考えられます。

　夕景色における写真と実景との違いは、写真のフィルムは光学的な物理量に依存しますが、人間の目は対数比例で反応するため差異が生じています。さらに全体が同一色相で覆われると人間の目はその色相の反対色相を創出することで、同一色相の影響を弱めます。この二つの作用によって、夕景色の写真は茜色に染まりますが、実際に目で見る夕景色は

少し茜色に染まるだけです。

④基本的間違い

　色彩が同じに見えることと、同じように見えることは違います。この二つを時には使い分け、時にはまったく同一視して理論を展開しています。少しでも違いが「はっきり」見えるようになることと、元の状態がそのまま見えて「はっきり」していることとは違います。この違いを区別せずあたかも同じように扱って理論を展開しています。

　同じように見えることは、実際には違って見えることです。

3．説明の間違い

⑴ シェパード錯視
①シェパード錯視（テーブルの錯視）の既存の説明

　錯視が生じる原因は、テーブルの脚（図では灰色部分）がもたらす三次元的な奥行き感にあります。左右で奥行き感は異なりますから、それにつられて天板（上図の赤い部分）の形状がまったく違って見えるのです。視覚システムにより推定された三次元世界の中で、大きさや形状が判断されていることから、この錯視は「大きさの恒常性」や「ポンゾ錯視」と似ていると言えます。

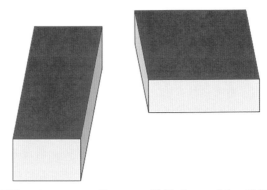

図は NTT Illusion Forum　錯視「テーブルの錯視」

　脳が無意識に考えた結果の例として、シェパード錯視に関する放映がありました。「脳が無意識に奥行き情報を組み入れて形の知覚を成立させた結果、物理的形態とは異なった知覚像を形成している。」シェパード錯視の場合、テーブルの縦長の天板の方が長く見えるのは奥に広がったものは長いと脳は考えたのです。

②既存理論の要約

　シェパード錯視で描かれたテーブルは立体であり奥行きがあるため、これらのテーブルは遠近法で描かれている。遠近法の解釈のもとでは上側の線は遠くにあるため、近くにある同じ長さの線よりも長いハズである。遠くのものは、近くのものと網膜上で同じ大きさであれば、近くのものよりも実際に大きいはずである。従って、このような解釈のもとでは、上側の線はより遠くにあるために長く（大きく）見える。

③著者の解説　配置の違いと脚の影響

　描かれたテーブル画像は平面に表示されています。立体ではありません。平面画像には奥行き（立体的な見方）の概念がありません。従って、奥行き情報を組み入れることなど有り得ません。遠近法は、平面画像を少しでも立体的に見えるように表現しているだけで立体ではありません。立体的に表現していることと実際に立体であることとはまったく違います。

　シェパード錯視が物理的形態と異なった知覚像を形成していることは事実です。この知覚像は、（NHKの放送大学では）脳が奥に広がったものは長いと考えた結果と言っていますが、奥に広がったものは長いと何故考えるのかという説明がありません。奥に広がったものが長く見えるという根拠はまったくありません。

　図においては、左にある部分が長く見えています。「奥に広がったものではなく手前にあるものが長くみえる」のです。

　試しにシェパード錯視を反時計回りに90度回転させます。右側のテーブルの天板は全体が上部にきます。シェパード錯視で見えているテーブルの天板が下にくれば、放送で述べているように「奥に広がった

ものが長く見える」のであれば、右側の天板の形は長く見えるハズです。図形を見た時に見える形状は、シェパード錯視を反時計回りに、90度回転させた場合も、テーブルの上面の形状が変わって見えることはありません。従って、「奥に広がったものは長いと脳は考えたのです。」という表現は間違いです。結果がまったくの間違いであることから、「奥に広がったものは長い」と脳が考えたという理論そのものが間違いです。基本的には、平面図形に遠近という３次元の考え方を導入することが間違っているのです。

　シェパード錯視の基本的要因は一つですが、具体的要因には二つの現象を考えると判りやすくなります。オリジナルのシェパード錯視では、それぞれの天板の上部は下部と比べて、広がっているように見えます。それぞれのテーブルがＶ字型の一部を構成しているため、Ｖ字型の交点に近い方、上部が広がって大きく（長く）見えます。

　また、それぞれのテーブルには脚が付いています。天板に脚が付くことで、その部分を「はっきり」させるために、脚が付いている付近は脚が付いている方向を拡大して大きく見るようになります。この二つの現象が重なって、テーブルの天板の形が異なって見えるようになります。その異なり方は、全体の上部ではそれぞれが横に広がったように見え、天板の下部は、下部の方向に長くなったように見えることです。

　錯視の要因を考える時は、そこに生じている違った現象の全てと、背景が何であるかを十分に考える必要があります。

④**基本的間違い**

　形状が異なる説明に、３次元的考え方を取り入れたことです。平面画像の説明に奥行きなどの３次元の考え方は不要です。

　理論の展開をここでもう一度検証してみましょう。仮に遠近法で説明できたとしての検討です。

○説明理論

「遠近法の解釈のもとでは上側の線は遠くにあるため、近くにある同じ長さの線よりも長いハズである。遠くのものは、近くのものと網膜上で

同じ大きさであれば、近くのものよりも実際に大きいハズである。」ここまでは、記述の通りです。

　しかし「従って、このような解釈のもとでは、上側の線はより遠くにあるために長く（大きく）見える。」ということはどのように解釈するべきなのでしょうか？

　ここに言葉のすり替えがあります。長いハズということと、長く見えるということはまったく違います。長いハズだから長く見えるというすり替えです。意識の問題と視覚の問題を混同した考え方です。

⑵　ポンゾ錯視
①ポンゾ錯視（「ウィキペディア」より抜粋）

　ポンゾは人間は物体の大きさを背景に依存して判断していることを示した。このことは、長さの等しい2本の線を、線路のように収束する線の上に描くことで示した。（ポンゾ錯視の）上の線が長く見えるのは、平行線が遠くに向かっているという遠近法にしたがって、上側の線を解釈しているためである。このように遠近法的解釈のもとでは、上側の線はより遠くにあるために長く見える……遠くのものは、近くのものと網膜上で同じ大きさであれば、近くのものよりも実際に大きいはずだからである。

　ポンゾ錯視の説明のひとつは、遠近法説である。これは錯視図形の遠近法感が、奥行きを意味する線の収束によって生み出される、というものである。

②著者の解説　背景の違いと遠近

　ポンゾは、人間は物体の大きさを背景に依存して判断していることを示しました。この考え方については、その通りです。しかし、その依存の説明に遠近法を適用しようとしたことが誤りです。平面図形でもポンゾ錯視が成立していることから、3次元的考え方を導入する必要はありません。ポンゾ錯視は、既に説明しているように比較対象と背景の2本の直線までの図形上の距離の違いで生じます。

③基本的間違い

　シェパード錯視で説明しています。平面上で生じている現象を遠近という距離の概念で説明する理論は、全て間違いと言えます。

(3) 既存の考え方から

　既存の錯視理論から、ネットなどを参考に錯視のメカニズムに関する記事を抜粋してみました。その記事に対して著者の考え方を付けて以下に記述します。

①錯視についての既存の説明

　錯視とは目などの感覚器に異常がないのに、対象物にたいして実際とは異なった認識をしてしまう現象である。対象の「真の性質とは異なる視知覚が錯視」であり、誰もが共通して体験できる現象である。錯視研究の蓄積はかなり多いが、錯視の種類ごとに原因があり、錯視のメカニズムは現在十分明らかにされたとは言い難い。錯視を研究することで視覚に関するさまざまな謎や疑問、メカニズムが解明されると考えられる。

①－2　著者の考え

　本書は錯視のメカニズムを解明し、その説明の書籍です。ここでの理論は既存の説明理論とは根本が異なります。その是非を判断するのは読者です。

　「錯視を研究することで視覚に関するさまざまな謎や疑問、メカニズムが解明されると考えられる。」は今井省吾氏の考え方にもある通り、この通りだと思います。「真の性質とは異なる視知覚が錯視」については、真の性質が物理的な知覚であり、異なる視知覚が人間の知覚で生じていると考えれば、この通りと思います。

　しかし、全ての視覚が背景の影響を受けることを考えれば、全ての視覚が背景の影響下にあるため、真の性質とは何かという疑念が生じます。形状が異なる全ての見え方も全て真の見え方です。物理科学的に見た場合の見え方を真の性質と考えれば、錯視は「真の性質とは異なる視

知覚」ということになります。

②錯視の発生場所の既存説
　錯視の多くは網膜ではなく脳神経系で発生すると考えられている。大脳の第一次視覚野には方位選択性と運動方向選択性の両方の作用を持ったニューロン群がある。

②－2　方位選択性と運動方向選択性細胞の存在を否定
　方位選択性と運動方向選択性の両方を持ったニューロン群があるという説を否定します。存在するという理論があるだけで、実際の存在は確認されていません。

③錯視の要因の既存説
　錯視は目から情報を得て感じるものと思われがちですが、実際は脳が情報を読み取って視覚に反映させています。立体情報があいまいな場合、脳は情報を勝手に補完して勘違いした状態で視覚に反映させるので、実物とは異なる見え方に写ってしまうのです。その中には何故錯視が起きるのか原理が解明されていないものもあります。目の錯覚を起こすためには脳が勘違いしてしまう条件が必要です。

③－2　錯視に立体情報は不要
　錯視は平面図形で生じる現象であるため、立体情報は不要です。対象が立体であるか否かに関係なく、脳の働きで不十分な情報は補完されます。補完するためにはある程度の情報が必要です。これらは脳の基本的働きです。
　脳が勘違いする条件ではなく、背景によって異なる見え方になる条件です。

④進化の過程で取得した能力　既存説
　錯視が起こるのは、人間が進化の過程で環境に適応するために獲得した機能だと示唆する。過去の経験と進化に基づき、脳が状況を推測する

必要がある。不十分な視覚情報でも素早く判断して対処できた方が生存に有利である。人間は「従来の」環境で生きていくために長い年月をかけて現在のハードウエアとしての知覚の仕組みを獲得してきたわけである。不完全な視覚情報を脳内で補完する能力を身に付けたために錯視は起こる。

④－2　ハードウエアとソフトウエア

　錯視だけでなく見るという機能は全て、人間が進化の過程で環境に適応するために獲得した機能です。ハードウエアとしての目や脳の基本的構造の機能です。ハード機能と同時にソフト機能も同時に発達しなければ、現実の知覚は成り立ちません。

　私達人間が生きていくためには、「はっきり」した情報が不可欠です。情報を「はっきり」させるために目や脳の機能が発達しました。情報を「はっきり」させるための機能の発達と、その「はっきり」した情報に基づく身体機能の発達が進化です。

　脳が状況を推測する時、過去の経験や進化は関係しません。不十分な視覚情報でも素早く判断し対処できた方が生存に有利であることは間違いありません。不十分な視覚情報は不足分を推測によって補って「はっきり」させることです。不完全な視覚情報を脳内で補完するために錯視は起こるとしていますが、それは錯視全体の非常に僅かの部分です。錯視全体を説明する理論にはなりません。

　過去の経験と不完全な情報を脳内で補完する能力を身に付けたという説には賛同しますが、この説で説明できる錯視現象は、カニッツアの三角形など特殊な場合の一部です。

⑤マイクロサッカードの実験

　細かい目の動きは、マイクロサッカードと言われています。細かい目の動きを完全に止めたところ、目の前がまったく見えなくなったことは実験結果として事実です。

　ここでの実験において、中心部をじっと見つめた結果、周辺部の小円が見えなくなったことも実験結果として事実です。しかし、じっと見つ

めることが、目の動きを完全に止めているかどうかは判りません。自動運動という錯視を考えれば、じっと見つめることで小さな目の動きを誘発しているとも思えます。

　マイクロサッカードの実験で、細かい動きを止めた結果、目の前が見えなくなったのは事実ですが、細かい動きを止めた結果、目の前のものが見えなくなったという実験結果があるだけで、何故、見えなくなったかということにはまったく触れていません。実験結果の評価がありません。

⑤−2　マイクロサッカードを止める

　マイクロサッカードは無意識のうちに生じる現象です。その動きを止めるには多大な集中力が必要です。意識を強度に集中しなければ、眼球の動きを止めることは不可能と言って良いでしょう。眼球の動きを止めるために強度に緊張が強いられた結果、動きを止めることができたのだと考えられます。

　人間は同時に同じような二つのことはできません。マイクロサッカードを止めることに意識を集中した結果、周囲のものが見えなくなったと考えるのがもう一つの考え方で、私が採用した考え方です。何かに意識が極度に集中した場合は、集中した対象以外は、その状況が見えなくなります。実際には見えていてもその認識は浅く、実質的に見えていないような状況を表出します。この現象は同時に二つのことはできないことの表れであり、人間の基本的特質の一つです。

⑷ トロクスラー効果

　トロクスラー効果は、淡いピンクや青などがはっきりした形状ではなく、少しぼんやりとした状態で複数個描かれており、通常は真ん中にはっきりとした小さな十字などを一つ記載した図形で見られる現象です。中心の小さな十字をじっと見ていると、ある瞬間、周りの淡いピンクや青などが消えてしまう現象です。消え方は瞬時の時もあれば多少長い時もあります。長時間消えるわけではなく、時間的には比較的短い時間です。存在する対象が消えて見えなくなるということで、画期的な現

象です。

　本書では、その要因を既に記載していますが、ネット上の記事によれば「トロクスラー効果を科学的に完全に説明する」ことはまだできていないと言われています。

　この現象について、ネット上の記事でその概要をまとめて、何が間違っているかを検討します。

①重要でないものの背景を消す　ネット上の記載

　動かない単調な背景を重要でないものと認識して消してしまう性向があります。注意を払わなくともよいものを背景と解釈すると、実際に見えなくなります。動かない背景は数秒で視界から消えてしまいます。「脳が変化のない刺激に対して認識できなくなる」からです。人間は1点を集中して見ると、周囲にあるものが見えなくなります。

　人間は何かを集中して見る時、周囲の背景や対象物以外を視界から消し、無意識により楽ができるように脳が見えなくしているという説です。集中して見ている時、脳は私達の意識外でより楽に集中できるよう、対象以外の視界にあるものを消してくれています。重要でない背景などの視覚情報を消し、認識していないものは不必要な背景として自動的に脳が見えなくさせてしまいます。これらは「目ではなく脳で見ている」と解釈することができます。

　1点を見つめることで、他の情報が脳に入ってこなくなり、周りの画像が消えてしまいます。このように「脳には情報をフィルタリングする機能」があります。実際にどういうフィルタリングをしているかというと、「意識していること、気にしていること」以外は目で見ていないことです。脳で見ているため「意識」していることだけを捉えて、意識を集中すると他の色が見えなくなります。脳はそれらの色を「必要ない」と判断し、フィルターではじきます。実在していても、意識していないので、実在としては消えています。

　ネット上の記事を簡略化して記載すると上記のようになりました。さらに簡略化すると、見えなくなる理由は、単調な背景、動かない背景（変化のない対象）の時に、1点を集中して見ると、それらの情報が

入ってこなくなり、自動的に脳が見えなくさせているのです。このように脳には情報をフィルターにかける作用があります。脳は意識していることだけを捉え、実在していても、意識していないので、実在としては消えるのです。さらに短縮すると、脳には意識しない不要な情報は入ってこないということになります。

②トロクスラー効果の概要
　トロクスラー効果は、見ている対象が特定の条件の時に消えて見えなくなるという現象の観測結果です。
　これまでの錯視現象の時と同様に、最初は比較される対象とその背景について分けて考えます。
　比較される対象は、淡い蛍光色の複数の画像です。背景は、その画像を見ている時の諸条件です。画像は全て平面上の図形です。そのため平面上の色彩として考えればよいことになります。その画像を見ている時、単に漠然と見ている時は、トロクスラー効果は生じません。十字部分を暫く意識的に見ていると、10秒後くらいに、突然蛍光色が消えて見えなくなります。しかし、一度消えたからと言って、消え続けるわけではありません。視線が十字部分から脇にそれたり、意識の集中が無くなったりすると、蛍光色はまた見えるようになります。
　トロクスラー効果の要因を説明するためには、この一連の現象をすべて説明する必要があります。

③既存の説明の盲点
　既存の説明は、脳にはフィルター効果があり、重要でない情報は削除して見えなくするという考え方です。1点を意識的に集中して見ることで、変化のない対象などを重要でない情報として削除するという考え方です。
　この理論の決定的矛盾は、見えなくなった部分からは、新たな情報が得られないという考え方が入っていないことです。見えないということは、そこから新たな情報は得られません。十字部分から意識がそれた時や、時間が経過した後には、また蛍光色が見えます。見えなかった現象

が新たに見えることについても、説明できる理論が必要です。ネット上の既存の説明には、時間経過と意識の持ち方によって生じる見え方の違いに関する説明がないために、「トロクスラー効果を科学的に完全に説明する」理論はまだないと言われているのです。

④トロクスラー効果が発生する理由

トロクスラー効果は、十字型の部分を10秒程度意識的に見ることで生じます。

意識的に見るとは、その部分に意識を集中して見ることで、単純に全体の一部として見ることではありません。一般的に意識を集中することは瞬時にはできず、ある程度の時間がかかります。このある程度の時間が一般的には10秒程度というわけです。

意識が集中できない人には、トロクスラー効果は生じません。その逆に短い時間で意識が集中できる人は短時間でトロクスラー効果を見ることができます。

私達人間が「進化の過程で取得した能力」に、極度に意識を集中した場合には、その周辺部分が見えなくなるという現象があります。この例の一つがマイクロサッカード現象です。一般的にも何かに意識が集中した場合には、他のことが判り難くなり、極端な場合はまったく判らなくなります。運転中に携帯電話を使うことは、携帯電話の内容に意識が集中し、運転がおろそかになるため、運転中の携帯電話使用は法令で禁止されています。歩きスマホも、スマホの内容に意識が集中するため、周囲の確認がおろそかになります。踏切での事故を始め、歩きスマホによる危険な状態に出会うケースが増加しています。

意識を集中させて見ることは、対象は「はっきり」するが、それ以外は見え難くなる、あるいは極端な場合はまったく見えなくなるということです。

蛍光色は色彩としては彩度が高く見えやすい色彩ですが、白と黒の明暗ほどの違いはありません。小さな変化でも見えなくなる可能性の高い色彩の組み合わせです。

トロクスラー効果は、1カ所に意識を集中した時に、周辺部分のぼん

やりとした部分が見えなくなる錯視です。意識が集中しているか否かによって見え方が異なるため、意識の集中が途切れると、またもとのように見えるようになります。

　既存の理論では、集中する意識が途切れた時に、またもとのように見える現象についての説明ができません。そのために、「トロクスラー効果を科学的に完全に説明する」理論としては不十分なのです。
第2章「錯視は何故起こるのか？」の中で、過剰情報の削除（極度の意識集中）として、その要因について簡単に説明しています。

⑸ ハーマングリッド錯視（格子錯視）

　交点部分が暗く見え、注視すると同じ明るさに見えます。交点以外の部分は明暗の対比によって白線の強さが強調されていますが、交点部分は強調されていません。交点部分は強調された白線部分によって本来の明るさに見えるようになります。その結果、交点部分とで明るさの差が生じますが、その差は小さなものです。交点部分を注視するとその周辺では本来の状態が「はっきり」見えるようになります。これらのことから、交点部分に少し暗い部分が生じているように見え、注視すると本来の明るさに見えるようになります。

　格子錯視については、基本要因が対比ではないかと言われていますが、明確な理由は示されていません。従って、既存の説明が間違いとい

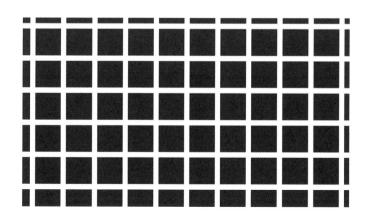

うわけではないけれど、説明がなされていないので、ここで説明します。

①錯視現象

　格子錯視の錯視現象は、交点部分に薄い灰色が見えるようになることと、その灰色は、見つめることでなくなることです。意識を集中して「はっきり」見ようとすると錯視現象が見えなくなり、周辺の何処か意識の集中されていない点に生じます。

　これらの現象が生じるためには、格子の明るい灰色の部分の幅がある程度の範囲内にあることが条件です。幅が広すぎれば起こりません。幅が狭すぎれば白線の格子そのものが一体化して見えなくなります。

②縁辺対比

　交点に薄い灰色が見える理由は、縁辺対比と考えられます。交点以外の白線部分は、両側に黒があります。両側の黒との縁辺対比で白線部分は、さらに明るさが強調されます。交点部分は、上下左右が強調された白であるため、縁辺対比は起こらず、本来の白色のままです。辺の部分が明るくなった分だけ暗く見え、さらにその比較で逆の縁辺対比が起こり、さらに暗くなって見えることになります。辺と交点の境界部分では、交点部分であっても隣接の黒の部分の影響があるため、暗く見える部分が一部相殺されます。その結果、交点部分の中心付近のある一定範囲内に、円形に近い状態で、薄い灰色が生じることになります。縁辺対比であるため、格子の幅が狭い場合には、顕著に現れ、広くなると縁辺対比の影響は分散され少し薄い灰色が見えるようになります。

　交点部分について意識を集中（凝視）してみると、本来の明るさが見えるようになります。凝視することでその部分を「はっきり」させることができるからです。

③歪み

　格子錯視は全体像を歪ませると、その現象がなくなるとも言われています。全体の形状を歪ませることで、交点部分にも隣接する黒色の部分

の影響が入り込む結果と考えられます。

４．理論の間違い

　錯視や視覚について検討を進める時に、障害になる３つの基本的理論
があります。
　錯視は究極的に脳の間違いとする理論、方位を知覚する細胞が存在す
るという理論、双極細胞が存在するという理論の３つです。これらにつ
いてはここでは基本的な間違いを指摘します。詳細説明は本書では省略
しています。別の機会があれば詳細な説明をしたいと思っています。

⑴　脳の間違い

　脳が視覚情報を間違って知覚するようでは、その脳は使い物になりま
せん。脳のハード的な機能は常に正常に働くことが大前提です。

⑵　方位を知覚する細胞は存在しない

　方位を知覚する細胞は存在しません。存在するという理論があるだけ
で、その細胞の存在は確認されていません。方位を知覚する細胞の存在
を主張する理論には、致命的な間違いがあります。

①実験結果の評価の間違い

　ヒューベルとウィーゼルの実験の解釈には重大な誤認があります。実
験において、ある特定の方位の棒状刺激に対してスパイク応答を示すが
別の角度で応答しないことを発見したことです。この実験の観測結果で
は、特定の方位ではなく、特定の方位を含むかなり広い範囲に応答して
います。観測結果を見れば一目瞭然です。かなり広い範囲で応答するた
め、特定の方位というのは誤りです。

②再構成場所の不在

　仮に特定の方位に反応するのであれば、特定の方位や他の形状などを
集めて、視覚全体として再構成する場所が必要です。分解するところが

あるのなら再構成するところがなければ視覚は成立しません。脳内においてこのような場所は現在特定されていません。

(3) 双極細胞は存在しない
　縁辺対比を説明するには、双極細胞の存在があると説明が容易のように思われますが、双極細胞が仮に存在するにしても、理論的には縁辺対比を説明することは不可能です。

①境界は一つ
　縁辺対比の境界付近の強調を説明する理論における光の分割照射の図では、順次その比率を異ならせて、中心部と周辺部に分割して光が当たっています。一つの境界線には、一本の線があれば十分です。多数の境界線が同時に存在することは有りません。

②存在場所
　双極細胞を始め関連する細胞は、網膜の前面に透明な状態で存在するという理論がありますが、その存在は確認されていません。存在するのであれば、見える化などの措置を行えば、現在の技術でその実態を写真撮影することも可能です。
　仮に双極細胞が網膜細胞の前面に存在するのであれば、これらの神経細胞から脳への伝達回路として何らかの神経節や、網膜の視細胞の間隙を通って脳に達する経路があることになりますが、画像で見る網膜には桿体や錐体が密集しています。双極細胞や関連する視細胞が透明であっても、そこから脳内に向かう神経節は有限の太さなどの大きさをもっているため、網膜を撮影した画像に「はっきり」と写るはずです。網膜画像には、双極細胞と脳を結ぶ神経節は見られません。網膜に双極細胞と脳内を結ぶ経路が確認できないことから、双極細胞の存在そのものが疑われます。著者は双極細胞の存在を否定します。

第5章　錯視　いろいろと

1．著者の主張

　本書は最初に述べたように、これまでの錯視の常識をひっくり返す新説です。この新説は錯視現象を冷静に考察することで得られた結果です。その内容には、まだまだ不十分な説明があるかもしれません。不十分な点は、この後多くの方々の研究によって補完されるものと思います。

　錯視に関心を持たれる方全てが「錯視は何故起こるのか？」ということに関し、もう一度本当の原点に戻って、検討を進めていただきたいと思います。本当の原点とは、結果があれば原因があるということです。因果関係を「はっきり」させることが、科学の原点です。

　現在の錯視理論には、錯視現象という結果はありますが、その現象がどのようにして生じているかという「はっきり」した原因がありません。断片的な理由はありますが、その理由は少し視点を変えると矛盾に満ちた理由です。既存論で展開される理論は、現象を説明するには一方的な見方過ぎて、理論を構築するには客観性が欠けた理論になっています。

⑴ 錯視に関する既存の考え方

　対象を目で見て判るということは、その対象の大きさを含む形状や色彩が判ることです。対象を見た時には、その対象までの距離、角度、対象からの反射光が決まれば、物理科学的には一つに定まります。これらの3条件が決まった時の見え方を「真の性質」と言います。真の性質とは物理科学的な条件が決まった時に、見え方が一つに決まることを表しています。「真の性質」による見え方と、実際の見え方が異なることが錯視であるとする考え方です。

「真の性質」による見え方が正しく、実際に見える見え方は「間違っている」とする考え方が基本になって現在までの錯視理論は成り立ってい

ます。錯視とは「実物と違う見え方」「誤った知覚」という考え方です。

(2) 著者の主張

　対象を見た時の見え方は、物理科学的な見え方に加えて、人間の心理である「意識」が作用して、私達の知覚が成立するという考え方です。対象を見た時に周辺状況が異なれば、必然的に、対象の見え方が異なってくるというものです。

　私達が実際に対象を見ている時は、対象本体だけでなく、周辺部も含めて見ているため、その影響を受けるという考え方です。「真の性質」だけが見えるのではなく、背景によって「意識」が働き実際の見え方が異なるとの考え方です。一般的に何かを見る時は背景も含めて見ているため、背景が異なれば見えている対象も異なって見えるのが当たり前という考え方です。

(3) 主張の証明

　本書の主張を裏付ける実験が、冒頭の大きさの錯視です。この実験は非常に簡単な実験であるにもかかわらず、平面図において、大きさの錯視が生じることを実証しています。その後の理論展開によって、全ての錯視現象を証明しています（証明方法は、完璧ではないかもしれませんが、本質は間違いとは言えないと思います）。

２．錯視の研究をされている方々へのメッセージ

(1) 基本的考え方

　錯視の研究は、知覚全般を支配する一般原理をさぐるための有効な手段と考えられています。人間の基本活動は命を繋ぐことであり、そのためには情報を「はっきり」させることが不可欠です。情報を「はっきり」させるための知覚全般を支配する一般原理が「進化の過程で取得した能力」と考えることもできそうです。特に脳の基本的働きが、過剰情報の削除と不足情報の補填であることは興味深いことです。

　錯視は誰もが同じように見える観測結果です。観測結果を詳細に研究

することが肝要です。この時、一方面から見るのではなく、あらゆる可能性を考えて検討をしていただきたいと思います。現在までの錯視に関する研究などはあまりにも一方的です。

①複合的視点　捨てる考え方と原点への回帰

　視覚として何が異なっているか？　複合的視点から対象である錯視現象を観察することが重要なのです。錯視を考える場合、最初に捨てなければならないのは、「2次元空間から3次元空間を推測によって成立させる」という考え方です。いろいろなこじつけの理論で正当化しようとしていますが、両眼視以外に立体視はありません。

　次に「同じようなものと同じもの」とは本質が違います。がんもどきはがんではありません。同じように見えるからと言って、同じに見えているのではありません。同じように見えても違うものは違うのです。時々これらをいつの間にか同じにして扱っていることがあります。

　見るということは人間だけではありません。猛禽類の小さな頭脳で高空から獲物を捕らえられる視力にも共通する考え方が必要です。やさしいことは単純に考えて下さい。

　本書の著者は専門家ではありません。専門家どころか科学者でもありません。絵を描くことが趣味で、形について考えていくうちに錯視について興味を持ったに過ぎません。後期高齢者になったころから錯視に興味を持ってNHKの放送大学やネット記事などを参考に検討した結果です。学問的見地からすれば、表現の不正確さや不十分さなど多くの欠陥のある表現だと思います。しかし、素人だからこそ、専門的な既存の知識に左右されず、自由な発想に基づく記述ができるのです。

　専門家の方々には、見るということを一度原点に戻って検討していただきたいです。

　本書の内容を科学的な視点から研究して下さる方がおられることを切に願っています。

　錯視は物理的性状が同じでも、背景の違いで何かが異なって見える現象です。比較的小さな違いのため、その違いに気づかない人には錯視は現れません。錯視が現れていても錯視とは気がつかないので錯視になら

ないのです。人間は詳細な違いが判るように脳を始めとする知覚器官が進化した生物です。錯視が判ることは、現在の人類の証しです。

②反逆の書の意味

　本書は「錯視」という現象を通して、これまでの視覚や心理学の一部の根本的考え方を否定するものです。その意味で「反逆の書」です。「常識をひっくり返す新説」で、これまでの理論の根底を覆す理論です。

　科学とは観察や実験によってそこに生じていることを理論として説明することです。しかし、これまで錯視が統一的に説明されたことはありませんでした。従ってこれまでは錯視が科学的に研究されたことが無かったか、科学的な研究のどこかに間違いがあり、統一的な説明ができなかったかのどちらかです。

③今井省吾氏の成果について

　錯視の研究を行った今井省吾氏は次のように述べています。「錯視はなんら特殊な異常な現象ではなく、正常な知覚である。錯視の研究は、知覚全般を支配する一般原理をさぐるための有効な手段と考えられている。」

　本書はこの「錯視は正常な知覚である。」とすることと「錯視の研究は、知覚全般を支配する一般原理をさぐるための有効な手段と考えられている。」を立証することを目標として検討されたものです。

　現在の視覚や錯視に関する研究結果などの文献は、今井省吾氏の意見とはまったく逆行する方向に向かっていました。その結果、錯視の要因に関する統一理論は、未だかつて構成されていませんでした。

　私達は目の前の対象の画像を、網膜を通じて単純に両眼で見ることで、視覚に関する全ての情報を入手することが可能です。「はっきり」とした網膜画像からの情報は、両眼視と目や脳が正常に機能することで簡単に得ることができます。

④モーガンの公準

　モーガンの公準は「低次の心的能力の結果として解釈できるものを、

高次の能力の結果として解釈してはならない」というものです。現在の視覚理論は非常に複雑です。人間であれば、多少複雑でも視覚は得られるかもしれませんが、脳の発達していない動物や鳥類などは、形状などを個々に知覚し再構成するなどの脳を有しているのでしょうか？　疑問に感じます。動物や鳥類の視覚理論はどのように展開したら良いのでしょうか？

⑤必要なことは？　素人からの意見

　著者は錯視に関する専門家ではありません。専門家であれば、これまでの科学的（？）に説明されている理論をそのまま信じていたかもしれません。2000年以上前から判っていた「月の錯視」さえ、明確な理論化は行われていなかったのです。そのうえ錯視は究極的には「脳の間違い」という説明を聞いて愕然としました。

「脳の間違い」ということは、それだけで「何も判っていない」ことの証しです。ネット記事などを参考に「錯視は何故起こるのか」という視点からまとめたのが本書です。

　2年ほど前に『錯視の地動説』を出版しました。その中の一部の考え方で、修正したい部分がありました。広い部分が同一の色相で覆われた場合、その色相が一部軽減されると記載したことです。本書では軽減ではなく反対色相の表出と修正しました。

　さらに特定の方位を知覚する細胞（方位選択性細胞）の存在について、疑問形のまま掲載したことです。本書では明確に否定しました。

　情報を「はっきり」させることは私達人類が生きていくうえでの必須の要件であり、情報を「はっきり」させる時に、背景の違いで「何かが異なって見えるように『意識』される現象」が錯視です。情報を「はっきり」させるとはどのようなことかは、錯視を調べれば判ります。私達が生きていくうえで最も重要なことは情報を「はっきり」させることですが、その表れである錯視現象を脳の間違いなどと言う既存の考え方に、異論を唱えているのが本書です。専門家の考え方も否定しています。どれもが常識から考えても不自然だからです。

　錯視に関する論文や書籍、ネット記事などが、かなり出回っています

が、そのどれもが同じような論調です。そのどれもが、錯視現象がどのようにしたらよく見えるかという記述に終始し「錯視は何故起こるのか」という視点からの記載は殆どありません。

　本書はまったくの錯視の素人が、素人だからこそ記述できるものです。

　本書の考え方が、修正部分が多々あったとしても、普遍的な考え方として普及することを願っています。本書の考え方の基本は、情報を「はっきり」させることです。情報を「はっきり」させることが、私達が生きていくうえでの必須の条件だからです。

　錯視が何故起こるか？　その要因を説明する理論が無い状況に甘んじられている多くの方々が、異なる視点で錯視現象を見つめ考察していただけることが著者の望みです。

⑵　錯視の本質
①科学的に同じ現象　異なるのは脳の誤り？

　既存の理論では錯視は誤った知覚と考えられています。この考え方が最大の間違いです。対象に対して、距離、角度、照明が同じで、さらに周辺の条件（背景）が同じであれば、形状や色彩は同じに見えます。

　二つの同じ大きさの形状では、科学的な計測に係る形状は、距離、角度、照明が同じであれば、背景の存在には関係せず、二つの形状は同じに見えます。

　既存の理論は、科学的条件である距離、角度、照明が同じであれば、全て同じに見えることが正しい見え方と考えています。背景が異なることで見え方が異なる見え方は誤りとする考え方です。その誤りの根源は脳が間違えることにあるいう考え方です。

②背景の影響

　距離、角度、照明などの物理科学的な条件が決まれば、物理科学的な見え方は一つに決まります。しかし、実際の形状は、その他にも背景が異なることで、少し異なって見えるようになります。

　錯視論の根幹は、背景が実際の見え方に影響することがあるか否かです。本書では、このような現象が実際に存在することをこれまでに説明

してきました。背景の違いによって同じ形状が異なって見えることは、実験や観測で実証された事実です。対象の見え方は、距離、角度、照明が同じでも、対象を見る時の諸条件である背景が変わった時にも、少しではあるが何かが変わったように見えます。

　背景が異なれば、実際の見え方が異なることが、全ての錯視の基本要因です。

③既存論の矛盾

　背景が異なる場合に、異なって見えることは誤りであるというのがこれまでの理論です。この考え方が一方的な考え方で、誤りであると指摘するのが本書です。本書の形状の錯視で説明したように、距離、角度、照明以外の背景が変われば、見え方が少しではあるけれど変わるのです。何故、どのように変わるかはこれまでの理論で証明してきました。

　錯視は背景が異なれば、見ている現象が異なって見える現象です。単独の場合の物理的現象が同じでも、周辺の何かが影響を与えることは基本的原理です。相対性理論を始め、全ての科学的理論は、相互関係を論じることが基本です。目で見ることだけが絶対的な見え方が存在すると考えることに矛盾があるのです。

　既存の理論は、この大原則が判っていません。そのために、実情や厳密性を無視した不可解な理論が数多く出現しています。錯視は正しい知覚であると考えて、理論を展開することが重要です。

3．既存論を支える間違った理論の概要

　既存の錯視理論を支える現象で間違っていると考えられる事項を列挙しました。ここに記載されている理由が、錯視の要因であると説明されている理論は、その大部分は基本が間違いです。ここではその理論が何故間違いであるかも簡単に記述します。

⑴ 大きさの錯視から

　形状の錯視の基本は大きさの錯視です。大きさの錯視は、平面図形上

で背景の違いによって生じています。従って、平面図形の説明に３次元の要素を持ち込む考え方は、全て間違った説明になります。

①遠近の考え方（２次元画像から３次元画像へ）

　大きさの錯視の説明に「遠近の考え方」を入れることは間違いです。大きさの錯視は、全て平面上の図形で生じています。遠近の考え方は平面図に奥行きという立体的考え方を導入することです。平面図形の説明に、立体図形の考え方は不要です。

②高度な処理と再解釈

　無意識のうちに実行される高度な処理、大規模な再解釈という説明が出てきたら、その説明は全て間違いです。脳の基本的働きは、単純なオンオフ機能です。単純な基本で高度な処理も行えます。高度な処理と説明するのではなく、具体的に説明する必要がある事項を説明できないために、単に高度な処理と言っているだけです。大規模な再解釈は、データ量の問題です。単純に考えられることに再解釈は不要です。

③巧妙な脳の戦略

　平面上に表記された同じ大きさの図形の見方に、巧妙な脳の戦略は不要です。巧妙な脳の戦略という言葉が出てきたら、その説明は全て間違った説明と考えられます。

④大きさの恒常性

　大きさの恒常性という言葉が出てきたら、その説明は基本的に間違った説明になります。大きさの恒常性の説明には必ず遠近の考え方が入っています。平面画像の大きさが異なって見える説明に、３次元的な考え方は不要です。

⑵ 一方的な解釈

　一方的な解釈の時だけに成り立つ理論は、全て間違った理論といえます。異なる視点からでも成立する理論が正しい理論です。

①感度

　動きや変化のないものは感度がゼロという奇妙な理論があります。私
達は通常静止状態の対象を見て「はっきり」と見えます。

②疲労

　残像の説明に、長時間見つめていると錐体が疲労して見えなくなり、
疲労していない反対色相が表出するという理論があります。錐体が疲労
すると反対色相が見えるという説ですが、同じ色の対象を見ている場
合、いつまでも同じ色彩が見えます。疲労説はまったくの的外れの理論
です。

③色彩の恒常性

　色彩の恒常性はある一定状態に近い状態に見えるという現象の特徴を
表しています。既存の理論では、何故色彩の恒常性があるのか、その要
因は明らかにされていないとされています。色彩の恒常性という場合は
そこに表現されている状態が何時も「同じように見える」ことを表して
います。背景が異なって実際に対象が異なって見えていても、その見え
方は「真の性質」である本来の色彩の見え方のようになるということで
す。

　色彩の恒常性という言葉が出てきたら、その説明は全て間違った説明
になります。

　色彩の恒常性には必ず一定の状態に近いとか同じようにという言葉が
入っています。同じようにとは、似てはいるが同じではないということ
です。同じことと異なることを「はっきり」区別した説明が必要な時
に、混同させる表現が恒常性です。

④存在しない器官

　方位選択性細胞や運動方向選択性細胞の存在は、確認されていませ
ん。存在するという理論があるだけです。さらに、個々の機能を分解
して知覚するのであれば、それらを統合して知覚する器官も必要です。
個々の選択性細胞の存在と統合する器官の存在が確認されない限り、こ

れらの理論は実証された理論にはなりません。存在が確認されていない細胞には、方位選択性細胞や運動方向選択性細胞や、双極細胞があります。

　現時点では、双極細胞や方位選択性細胞を使った錯視の説明理論は、全て根拠のない説明になります。

⑤間違いという考え方

　錯視は見ている対象の背景が異なった時に、誰が見ても同じように対象そのものが異なって見える現象です。対象を見た時に距離が違えば大きさが異なり、角度が違えば形が異なり、照明が違えば色彩が異なります。異なって見えることを間違いというのであれば、これらが全て間違いということになります。対象を見る時には、距離、角度、照明、背景が異なれば全て異なって見えるのです。

　背景が異なる時にだけ、間違って見えるとする理論は、総合的な観点が欠落した理論です。何かが異なって見えること自体を間違いとする理論は、実情に合わない間違った理論です。脳が正常に働いている時には、形などが少し変わって見えるのも正常に見えている範囲内の見え方です。

４．錯視理論に共通する考え方

　一つの現象が起これば、その現象が起こった時には必然的に生じる現象があります。現象間には不可分の関連がある事項と言えます。どれが原因で何が結果とは区分が難しいため、同等に見なされる事項です。

⑴　一方が生じていれば他方が生じる

　平面上に表された図形を基準に考えます。

①相互関係

　　その１　大きく見えるものは、近くに見え、近くに見えるものは大きく見えます。

　　その2　明るいものは「はっきり」と見え、大きく、さらに近くに
　　　　　見えます。
　　その3　近くにあるものは、大きく見え「はっきり」と見えます。

　大きく見える、近くに見える、「はっきり」見えるの3項目は連動した現象です。

②多面的な見方

　錯視はそこに生じている現象を厳密に観測し、全ての現象を説明できる理論が必要です。そこに生じている現象を正確に観測し、背景の違いと関連させて説明することが重要です。

　一方的な見方ではなく、多方面から客観的に考えることが必要です。その錯視現象に生じている現象を全て合理的に説明できて、初めて錯視の理論と言えるのです。

⑵　錯視理論の成果

　錯視は情報を「はっきり」させるために小さな違いを強調して少し大きな違いにさせることで生じる現象で、目や脳の機能が正常に働いた時に生じます。生きていくうえで最も重要な情報を「はっきり」させるために違いを強調する現象が、どのようなことであるかを知ることは、人類が生き残るための選択肢において、何が重要であるかを示唆していると考えられます。

5．錯視を考えている時に

　錯視を考える過程で、副産物として思い浮かんだ事柄を以下に紹介させていただきます。
　錯視の要因に関する記載とは関係がありません。

⑴「不滅の愛」

　手前から見ても、反対側や鏡に映しても、どちらから見ても上が凹ん

で下が少しとがったハート型に見えるコップの作り方です。向かい合った二人がどちらから見ても、コップの内側が、上が凹んだハートに見える紙コップです。

①作り方

　白い紙コップを1個、ハサミを1個準備します。コップの内側を赤かオレンジなどハートの色を塗ります。これで準備完了です。

　紙コップの上部にある縁をハサミで切り取ります。紙コップの一部を上から3分の1ほど垂直に切ります。180度反対側も同じようにします。次に、コップの上辺の縁、切り込みから60度くらい離れた位置から、上が凸になるように円状の切り込みを入れ、その先端が3分の1ほど切り込まれた部分に達するようにします。同じ切り込みを反対側でも対象に切り込みます。180度反対側も同じようにします。これで完了です。形が気に食わない場合は適宜微調整してカットします。

②見え方

　外側が白で、中側が赤く周辺に切り込みが施されたコップは、切り込みが入った方の斜め上から見ると内面がハートの形に見えます。角度が少しずれてもそれなりのハートの形が「はっきり」と広範囲で判ります。鏡に映しても反対方向から見ても上部が凹んだハートの形は変わりません。ハートの形が変わらないことから不変、不滅とし、「不滅の愛」というのはいかがでしょうか？

⑵ 柳の木の下の幽霊

　幽霊は何故柳の木の下にいるのか？　「そんなこと考えたことない」という方が大部分でしょう。しかし、柳の木の下にいることにはきちんとした理由があります。幽霊は多少とも動きがある方が幽霊らしく見えます。少しも動かない幽霊は「絵」と同じで、怖くはありません。幽霊はほんの少し動くのです。柳の木の下でほんの少し揺れ動くのが幽霊の基本的パターンです。

　ここまで説明するともう判った読者がいるかもしれません。幽霊は柳

の木の下にいるから動くのです。それもほんの少し「ゆらゆら」と動きます。

①幽霊の正体

　柳の木の下に白い布のようなもの「ぼんやり」とした何かが存在する時、その「ぼんやり」したものは静止状態で見えます。柳の木の枝は広い範囲で視界を覆っています。この状態が、幽霊が登場する時の基本パターンです。夕闇から夜にかけて、柳の木の枝は細長い葉を伴って上から下へ真っ黒い陰となって広い範囲を覆っています。その手前に「ぼんやり」とした白いものが静止状態で存在していることが幽霊の正体です。

②揺れ動く幽霊

　柳の細い枝や葉は、少しの風でもゆっくりと動きます。夕暮れ遅く暗闇の中に白い対象が存在すると白い対象は動いていなくても、背景である柳はゆっくりと動きます。柳は視界の広い部分を覆っています。

　白い対象が静止し、視界の広い部分である柳の枝や葉がゆっくりと動くと、視界の広い部分が停止し、相対的に白い対象が動いているように見えます。比較的ゆっくりした動きの時には、視界の広い部分が静止し、狭い部分が動いているように見えることが原因です。

　どちらの動きが優先して見えるかという優先度の錯視で、進化の過程で取得した能力がその基本的要因です。ゆっくりと揺れ動く黒い大きな背景である柳と、その中で少しぼんやりした白い何かが存在することで、ぼんやりした何かが揺れ動くことになります。

　夕暮れ以降の柳の木の揺れと、何か白いものの存在が、幽霊が揺れ動く要因です。

　幽霊と柳、柳の下でこそ、この構図が成立するため、幽霊は柳の木の下に出るのです。

　柳の下の幽霊は、カメラで写されてその部分が注視されれば、動きなども本来の動きだけになります。不安な気持ちで見つめる人間だからこそ見えるのかもしれません。

錯視としては、網膜感度による時間差と広い範囲が動かず狭い範囲が動く二者択一の見え方が関与する現象です。

　柳の枝が画面の広い範囲を覆い、白いものとの相対的な大きさの差異によって、二者択一の現象が現れるため、カメラで写してもある程度の動きが見られると考えられますが、目で見るのが一番です。

③トンネルの幽霊

　基本条件は、トンネルの入り口や周辺部が少し薄暗く、如何にも何かが出てきそうな舞台設定のトンネルが必要です。

　トンネルの入り口から少し離れたトンネル内部の場所に少し白い部分があると、その白い部分が揺れ動くように見え、怪奇現象のように言われる場合があります。幽霊の出るトンネルというわけです。トンネルや白い影は動きませんが、それを見る人間の方が動くため、相対的に多少の動きがあります。陰影の部分と少し明るい部分では、ゆっくりとした同じ動きでも、明るいところやはっきりしたところは実際の動きに連動して動きますが、暗いところは少し長い時間がかかります。ゆっくりした動きがある時、明るいはっきりとした部分と暗いぼんやりとした部分では動きの速さが異なるのです。移動してトンネル内部を見ていると、トンネル全体と白い影が同じ速さで動いても、目に見える速度には軽微な差が生じます。

　トンネル全体は広い範囲であるため、静止しているように見えますが、白い影は少し動いているように見えることが生じます。トンネルの壁面にある白い模様が動き出して見えるのです。幽霊トンネルの出現です。カメラで写しても、相対的位置は同じため、トンネル内面と白い模様との間で動いたように見える現象は生じません。

　トンネルの幽霊も、不安な気持ちで見ている人間だから見える現象で、固定カメラで写しても動きがあまり見られないかもしれません。

補足資料−1　　縁辺対比

　縁辺対比は、隣接した２色の境界付近が強調されて見える現象のことを言います。縁辺対比によって色の境界付近は、実際よりも差異が強調されます。境界付近で、明るい灰色と暗い灰色が接する部分では、明るい灰色はより明るく、暗い灰色はより暗く見えます。

　縁辺対比を説明する場合には、受容野という概念を理解する必要があります。何かに光が当たった場合、光が当たった場所だけではなく、その周辺にも影響を及ぼしますが、その影響を及ぼす範囲を受容野と言います。

１．受容野の存在　　ハートラインの実験結果

　1967年にノーベル生理学・医学賞を受賞したハルダン・ケファー・ハートラインは、実験には小さな電極を用いて、光によって視神経が刺激を受けると記録されるようにしました。彼は、目の中の光受容細胞は連携していて、一つの細胞が刺激を受けると、近辺の細胞の活動電位が低下することによって光源の形が強調され、形の認識が鋭敏になることを発見しました。

　ハートラインは網膜のある範囲に光を照射した時（あるいは光を取り除いた時）だけ細胞が反応することを見出し、この範囲を受容野と定義しました。この定義にもある通り、受容野は一つの細胞に光が当たると周辺の細胞にもその影響が及ぶのでその影響範囲までを含めた全体を受容野と定義しました。

　ハートラインが確認した受容野は、一つの細胞内での反応を示す言葉ではなく、どこかに刺激を与えればその刺激を受けた当該細胞だけでなく、周辺部の細胞も影響を受けることを表しています。従って、刺激を受ける細胞が多数存在する場合（これが一般的状態）に、それぞれの細胞が個々にそれぞれの隣接する細胞から相互に影響を受けることになります。視細胞ごとの相互関係を表しています。

2．受容野に関する考え方

　ハートラインは、目の中の光受容細胞は連携していて、一つの細胞が刺激を受けると、該当する細胞の刺激はそのまま表れますが、隣接する近辺の細胞の活動電位が低下することを発見しました。細胞の一つに強い光が当たると、その周辺細胞では、光の強さとは逆に反対の性質の反応が生じるのです。細胞が単数であっても複数であっても、光が当たった細胞の周辺では、反対方向の影響がある範囲にわたって生じているようです。

　ハートラインは、光が当たっている細胞とその影響を受ける細胞群とを一つのセットとして捉え、受容野と定義しました。この場合の受容野は、一つの細胞内のことを指すのではなく、刺激に対して影響する範囲を示す言葉です。一つあるいは複数の刺激に対して、直接影響を受ける部分だけではなく、その周辺までその影響が及ぶので、その影響範囲すべてを含めて受容野としました。受容野とは何か一つの強い現象があった時、直接その影響を受ける部分だけでなく、直接の影響を受ける部分に近接した周辺部も影響を受けることです。

　この定義からすると、受容野とは、一つの刺激に関係して、影響を受ける全体の範囲を示す言葉です。一つの刺激に対して影響を受ける全領域が受容野と定義されました。

　ハートラインの実験と定義から言えることは、一つの受容野において、中心部分は直接光が当たって刺激を受ける部分（細胞）ですが、その周辺部分には、光が当たらないにもかかわらず、光の刺激とは逆の反応を示す領域（細胞群）が存在することです。

　この結果、光を直接受けた部分の形が強調され、周辺部が反対の反応を示すことから形の認識が鋭敏になることを発見しました。この発見によって、境界線の左右で明暗などは異なる場合に、その両方では相互の強調が起こることが立証できます。

　ハートラインの受容野は、1点の光刺激とその影響範囲を表した言葉です。

3．境界部の強調

　図において、○の1個が視細胞を表現しています。黒い縦線が明暗の境界部です。

　境界部の左が明るく、右側が暗い色です。アルファベットと数字はそれぞれ1個の視細胞である桿体です。

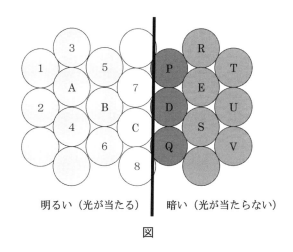

明るい（光が当たる）　　暗い（光が当たらない）

図

　ハートラインの実験結果と受容野の考え方から、境界部の強調を説明します。ハートラインの実験結果から、視細胞は、その入力がそのまま出力になるのではなく、周辺の細胞の影響を受けます。与えられる現象が弱い場合は、徐々に変化するため、境界部での強調は生じませんが、強い現象や連続的にある一定程度以上の急激な変化があった場合には、その時間的あるいは空間的境界では、逆の現象が生じる場合があります。自然科学の分野では過剰反応と言われる現象です。

　ハートラインの実験結果から言えることは、視細胞Aに着目すれば、Aに光が当たった場合、周辺の視細胞1、2、3、4、5、Bが視細胞Aに当たった光の影響を受け、その影響が逆の反応として周辺の細胞に及びます。この場合、Aと1、2、3、4、5、Bが一つの受容野を形成していることになります。

ここで仮に境界線の左側にある細胞に当たる光の強さを16とします。細胞Aに着目すると、Aでは16の光を受け、周辺の視細胞1、2、3、4、5、Bにそれぞれが1個当たり（−1）の光の強さが当たったような反応を示すと仮定します。それぞれの細胞において全て同様の働きを示します。

　図において視細胞Aは周辺の細胞1、2、3、4、5、Bから、それぞれ（−1）の光の強さの影響を受けます。その結果、視細胞Aの合計出力は周辺細胞の影響を受けて、10になります。

　図において、周辺部分が全部明るい領域にある場合は全て出力が10になります（図では、5、B、6までが同じ明るさになります）。

　境界の左側にある視細胞Cの場合は、6、7、8とBからあわせて（−4）影響を受け、暗い側のDとQから（+2）の影響を受けます。その結果、視細胞Cの合計出力は（16−4＋2＝14）で14となります。その結果、境界の境界付近にある視細胞Cは、より明るく見えることになります。

　同様の原理によって、境界にある視細胞7、視細胞C、視細胞8は明るさが14となり、その左側の視細胞の明るさ10よりも明るく見えることになります。境界の右側での同様の理論により、境界にある視細胞P、D、Qは暗く見えることになります。

　ここでは、一つの細胞単位で説明しましたが、幾つかの細胞の場合も同じようになると考えられます。しかし、細胞数が多くなりすぎると、最初の光刺激を与える範囲から遠くなるため、受容野から外れることになります。

　ハートラインが直接光刺激を与えた周辺部分もその影響を受けることを発見し、受容野の考え方を導入したことで、境界部での強調現象が説明できることになりました。境界線を挟んでその左右で一様に変化する場合も、一定程度以上の急激な変化に該当するため、その左右では、当該する変化以上の過剰な変化が生じます。この変化が、境界部における相互の強調で、縁辺対比と言われる現象です。

補足資料−2　錯視現象の数値化

　科学的理論は、数値化することで、その信頼度が高くなります。ここでは錯視現象の数値化について検討します。錯視量は物理的現象でないため、一般的な計測機器を使った直接手法では測定できず数値化できません。しかし、形状の錯視などその要因が、平面図形の背景の違いで生じていることから、背景がある場合と背景の影響がない場合の大きさの違いを測定することで、錯視量が測定できます。

　最も判りやすい大きさの錯視、その代表格であるエビングハウス錯視を例に、錯視量の数値化を検討します。

１．錯視量の定義

　エビングハウス錯視の場合、大きな円で囲まれた中の小円と、小さな円で囲まれた中の小円では大きさが異なって見える現象です。それぞれの小円の大きさの違いであるため、錯視量は小円の大きさの比で表示することが可能になります。大きさの違いが錯視量ということになります。

　背景の影響のない状態での小円の大きさを基準として、背景が存在する場合の小円の見え方との比を百分率で表し、増加分であれば100%を引けば増加率がでます。比率を表す時、面積比で表示するか、寸法比で表示するかも決定しておく必要があります。

　寸法比の２乗が面積比になります。

２．錯視量の測定方法

　測定方法には幾つかの方法が考えられますが、ここでは比較法を説明します。錯視は背景の違いで生じているため、背景に視覚に影響を与える現象が生じていない白紙状態の時の大きさの見え方が基準になります。

⑴ 比較法
①比較法での測定
　適宜選んだ小円の大きさを基準の大きさとします。エビングハウス錯視の背景である二つの円を描きます。

　背景に何もない状態の小円と、エビングハウス錯視の大きな方の円で囲まれた小円を同じ紙面に少し離して並べます。エビングハウス錯視の大きな円で囲まれた小円の大きさと、同じ大きさに見えるように、背景に何もない状態の小円の大きさを調整します。パソコンの画面を使うとやりやすいかもしれません。エビングハウス錯視の中の小円と、パソコン画面で比較した小円の大きさを比較します。この比率が大きな円で囲んだ時の錯視量になります。同様に小円で囲んだ方の図形について行います。その比率が小円で囲んだ時の錯視量になります。図形同士の差で表す場合は、基準となる大きな円で囲まれた図形の数値で、小さな円で囲まれた図形の数値を割ります。

　大きな円で囲まれた場合の錯視量がゼロの場合、小さな円で囲まれた時の大きさと大きな円で囲まれた時の数値の比較だけで、錯視量が算出できます。

②比較法の課題
　大きさの錯視は物理的な大きさは変わらないのに、見え方が変わるために、比較法を使いますが、この方法には、比較する時の周辺の条件が大きく左右します。平面上の図形であるため、適切な範囲内であれば、対象を見る時の距離は関係しませんが、背景となる円の大きさ、接近している距離、線の太さや標示の鮮明さ、時によってはこれらが総合して、見え方である大きさに影響を与えます。さらに、対象を意識的に集中して見るか、散漫なままに見るかという意識の持ち方でも異なって見えるようになります。個人的な視力や意識の集中度によっても、何らかの違いがあるかもしれません。測定はこれらの影響をできるだけ軽減する方法で行うことが重要です。

③具体的方法

　錯視量の測定においては、可能な限り前記の課題を避け、いわば純粋な錯視量を測定する方法を確立することです。

　最初に行う作業は、背景となる円を決定することです。錯視量が最大になるような大きさの小円を実験的に探し出します。最初は感覚的に最大のモノを選びます。次に接近している距離、線の太さや表示の鮮明さ、色彩など試行錯誤を重ねて、経験的に最大になるように決定します。これらの結果が比較される対象の基本図形になります。

　基本図形で、錯視量を測定します。測定方法は、同じ大きさに見える画像をパソコン画面に表示し、見かけ上の同じ大きさを作り出し、本来の大きさと比較して違いを出すことです。

　一般的にはこれで錯視量が決定しますが、実際の錯視には、観察者の意識が強く関係します。意識を集中した場合には錯視量が大きくなり、少し散漫になった場合は錯視量は小さくなると考えられます。何処まで意識を集中したかは個人差が大きく、意識の集中度合いを測定する方法が判らないので、この項目はある程度黙認し、統計的手法を用いて、一般的な統計処理を行って決定することになります。

　対象を見る時には、見える大きさなど視力が関係します。数値化する場合は、測定者の視力も考慮する必要があります。視力の高い人は、「はっきり」させるために小さなものも大きくして見ます。この課題を解決する方法は、観察者の視力を一定範囲内に揃えることです。測定の図表面で揃え、視力を揃え、統計的処理を行うことで、錯視量は具体的な意味を持ったものになるでしょう。著者はそのような機会が持てないため、これらを研究して論文として発表される方が現れると思います。

④他の錯視への波及

　錯視量は、背景の違いによって生じていることが判ったので、その測定方法は、比較法だけでも、多くの現象の具体的錯視量が測定可能になります。経験的な錯視量の算出から、実際に適用されている実例が碁石における白石と黒石の大きさの違いです。

⑵ 数値化の実例
①碁石
　碁石は黒石に比べ白石が大きく見えるため、対局者の公平を図るため、実際に見た場合に同じ大きさになるように、白石の大きさを黒石よりも小さくしています。
　碁石の大きさは実際に人間の目に見える大きさを重視して公平を図った結果です。

②視力表
　視力を測る時は視力表を見て、ランドルト環のどの方向が切れているかを目で見て判定します。ランドルト環の切れ目が見えなくなる直前の大きさが視力です。どこまで「はっきり」見えるかを数値化した実例です。

謝　辞

　本書は「常識をひっくり返す新説」で錯視に関する理論を180度変える理論です。

　平面上に描かれた同じ大きさの二つの円の背景が変わるだけで、大きさが変わって見える現実の見え方が説明できない、現在の錯視理論への反逆です。

　NHK放送大学の心理学の多くの講座を始め、ネット上の多くの記事を参考にさせていただきました。引用した文献に記載漏れの記事があるかもしれません。その方々には、ここでお詫び申し上げます。情報を多数ご提供いただいたことに深く感謝致します。

　札幌の道新ぎゃらりーで行った「錯視は何故起こるのか？」の展示を見ていただいた方々には、多くのことを学ばせていただきました。ここに改めて感謝の気持ちを伝えさせていただきます。何よりも感謝したいのは、遠慮会釈なくいろいろと指摘してくれた50年来の伴侶「ひろ」です。「ひろ」ありがとう。

　判り難い説明に最後までお付き合いいただいた読者の方々、最後まで本書を読んでいただき本当にありがとうございました、深く感謝いたします。

完

参考資料

「錯視・錯聴コンテスト」（http://www.psy.ritsumei.ac.jp/~akitaoka/sakkon/sakkon2020.html）

「北岡明佳の錯視のページ」（http://www.ritsumei.ac.jp/~akitaoka/）

「錯視のカタログ」（http://www.psy.ritsumei.ac.jp/~akitaoka/catalog.html）

「近年の錯視研究の展開」北岡明佳（立命館大学・JST/CREST）・蘆田宏（京都大学）*Japanese Psychological Review*, 2012/7, Vol. 55, No. 3, pp. 289–295

「脳が騙される!?　『錯視』の不思議をさぐってみよう」北岡明佳（立命館大学教授）（WAOサイエンスパーク http://s-park.wao.ne.jp/archives/1259）

「常識を疑う —— 錯視は存在するのか？」北岡明佳（http://www.ritsumei.ac.jp/acd/cg/lt/rb/636/636PDF/kitaoka.pdf）

NTT Illusion Forum　錯視「ライラックチェイサー」（https://www.youtube.com./watch?v=tABJHO4blck）

NTT Illusion Forum　錯視「チェッカーシャドウ錯視」（https://illusion-forum.ilab.ntt.co.jp/checker-shadow/index.html）

「第一次視覚野：線の傾きを検出する細胞」三上章允（http://web2.chubu-gu.ac.jp/web_labo/mikami/brain/26/index-26.html）

フリー百科事典：ウィキペディア
　「ルビンの壺」「錯視 —— おもな幾何学的錯視」「スピニング・ダンサー」「シュレーダーの階段」

『世界大百科事典』「錯覚」「錯視」

『ブリタニカ国際大百科事典』小項目事典の解説

「デジタル大辞泉」

『日本大百科全書（ニッポニカ）』錯視の解説

NTT Illusion Forum「錯視について」竹内龍人（https://illusion-forum.ilab.ntt.co.jp/visual.html）

NTT Illusion Forum　錯視「運動残効」（2010〜2019を含む）（https://illusion-forum.ilab.ntt.co.jp/motion-aftereffect/index.html）

「目の錯覚はなぜ起こる？　脳が騙されるメカニズムを科学的に解説」
ハンク・グリーン（https://logmi.jp/business/articles/170583）

「目の錯覚はなぜ起こる？　←脳による『視覚世界の大規模再解釈』の
せいだった」あめぎ（https://www.toritemi.com/optical-illusion）

『脳と視覚』福田淳・佐藤宏道（共立出版、2002）

「フットステップ錯視アートの設計法」小野隼（明治大学大学院先端数
理科学研究科）、友枝明保（明治大学先端数理科学インスティテュー
ト：JST, CREST）、杉原厚吉（明治大学大学院先端数理科学研究科：
JST, CREST）『日本応用数理学会論文誌』Vol. 23, No. 4, 2013, PP. 585–
600

『錯覚のはなし』V. コブ（東京図書）

「錯視から脳の新たな働きを解明」四本裕子（東京大学認知神経科学・
実験心理学）日経ビジネス電子版（2017）

「書評：H. R. ロス・C. プラグ（著）『月の錯視のなぞ ── 大きさ知覚の
探求』東山篤規『立命館文学（尾田政臣教授退職記念号）』636号

「錯視はなぜおこるか？」関口倫紀（https://sekiguchizemi.hatenablog.com/
entry/20130413/1365836081）、2013年4月13日

「錯視の原因や錯視が生じる理由、その種類は？　騙されるのも仕方な
い!?」ゆずぐらし（https://yuzugurashi.com/3147.html）

「立花隆逝く。とてつもない『半可通』は道を示した」下山進『毎日新
聞』（https://mainichi.jp/sunday/articles/20210628/org/00m/040/008000d）

NHK

放送大学
『錯覚の科学』『心理学概論』『知覚・認知心理学』『生理心理学』『自
然科学初めの一歩』

下田　敏泰（しもだ　としやす）

1942年、埼玉県川口市出生、札幌市在住。東京工業大学卒業。洋画・示現会会員。「錯視は何故起こるのか？」を科学的に考察した書籍です。人間の本質を考慮し、因果関係を重視して記載しています。「常識をひっくり返す新説」です。錯視に関する研究に最も近い心理学とは全くの無縁のため、新たな理論を『錯視の地動説』として2年前に出版しました。本書における基本的考え方は、同書と同じですが、実際に見える現象を基本に実験結果を重視して記載しています。「常識をひっくり返す新説」が地動説同様に多くの方々の理解が得られることを念願しています。

錯視は何故起こるのか？

2023年8月10日　初版第1刷発行

著　　者　下田敏泰
発 行 者　中田典昭
発 行 所　東京図書出版
発行発売　株式会社 リフレ出版
　　　　　〒112-0001　東京都文京区白山 5-4-1-2F
　　　　　電話 (03)6772-7906　FAX 0120-41-8080
印　　刷　株式会社 ブレイン

© Toshiyasu Shimoda
ISBN978-4-86641-537-6 C0011
Printed in Japan 2023

落丁・乱丁はお取替えいたします。
ご意見、ご感想をお寄せ下さい。